学校では教えてくれない
日本史の授業　謎の真相

井沢元彦

PHP文庫

○本表紙図柄＝ロゼッタ・ストーン（大英博物館蔵）
○本表紙デザイン＋紋章＝上田晃郷

「山本勘助と真田幸村」――まえがきに代えて

山本勘助《やまもとかんすけ》と真田幸村《さなだゆきむら》といえば時代劇のスターといってもよいでしょうが、実はこの二人、日本の歴史学の上では厄介者扱いなのです。

山本勘助、つまり武田信玄の「軍師」としての勘助は、かつて歴史学界では存在を否定されていました。「伝説上の人物」だというのです。確かに軍師という言葉はもともと中国語で、日本の戦国時代にはそういう言葉は使われていなかった可能性は高いのです。しかし、それは勘助が存在しなかったということとは全く意味が違います。にもかかわらず、歴史学界は「勘助は実在しなかった」という説を採用していました。このため作家、海音寺潮五郎氏は小説『天と地と』を書くにあたって、山本勘助を登場させませんでした。歴史学界の悪影響を受けてしまったのです。

なぜ歴史学界は勘助の存在を否定したのでしょうか？　理由は簡単で「同時代の史料に勘助が登場しない」というものでした。いかに状況証拠で勘助が存在したと推論できても、証拠が出ない限り絶対ダメだというのが歴史学界の頭の固さです。

ところが証拠が出ました。皮肉なことに『天と地と』がNHK大河ドラマになって放映された時に、それを見ていた視聴者が自分の家に先祖から伝わっている文書が、信玄の書いたものだと気がつきました。テレビ画面に信玄の花押、つまりサインが大写しになったからです。その文書になんと山本菅助（勘助）の名前が書かれていたのです。文書はもちろん本物で、これ以降、歴史学界は手のひらを返したように「勘助は実在した可能性が高い」といい出しました。

証拠（史料）があれば認めるが、証拠がなければ絶対に認めない。こういうのを実証主義といいます。人の運命を左右する裁判なら、それでも結構ですが、歴史については史料がないものもあります。そこは推理推論で埋めるしかないでしょう。そしてその推理推論は妥当ならば仮説として、この場合なら「山本勘助は実在した可能性が高い」と認めるのが学問の常道であるはずですが、日本歴史学界はこの常道を外しているということです。

実は真田幸村もそうした「頭の固さ」の犠牲者です。二〇一六年のNHK大河ドラマ『真田丸』でも、幸村とは呼ばずに信繁《のぶしげ》と呼んでいます。なぜそうなのかはもうおわかりでしょう。歴史学界の先生方が「同時代に幸村と名乗ったという史料はない」というからです。

この幸村という名前は少し後の江戸時代の文書に出てくるのです。しかし私は、最初真田信繁と名乗っていた武将が、幸村に改名した可能性はかなり高いと思っています。その理由は、信繁という名は、武田信玄の弟武田信繁にちなむものであるからです。戦国時代、弟はしばしば兄に逆らいました。織田信長も伊達政宗も実の弟を殺しています。しかし武田信繁は兄信玄に誠実に仕え、川中島の合戦では身代わりとなって死にました。まさに「弟の鑑《かがみ》」です。だからこそ彼の父真田昌幸《まさゆき》は兄信幸《のぶゆき》を助けよと、弟を信繁と命名しました。

しかし大坂の陣で信繁は兄信幸とは敵味方になってしまいました。これは父昌幸の願いに反したことになります。そして信幸は徳川家への忠誠を示すため真田家伝来の父からもらった「幸」の字を捨て信之と改名しました。これまで信繁は次男という立場を守り「幸」の字は受け継いでいませんでしたが、兄が捨てたというなら遠慮することはありません、徳川を打倒せよという父昌幸の遺志を受け継ぐためにもその字を拾い上げたはずです。そして兄と敵味方になった以上、信繁という名は捨てなければなりません。

そういうことを考え合わせると、信繁は大坂城入城にあたって名を幸村と改めた可能性はかなり高いと思います。こういうのを合理的仮説というのですが、もうおわかりでしょう。歴史学界は決してこういう考え方を受けつけません。もし今後NHK大河ドラマ『真田丸』を見た視聴者の家に伝わる先祖伝来の古文書の中に、同時代に彼のことを「幸村」と書いたものが発見されれば、まさに手のひらを返し「信繁ではなく幸村が正しい」などということになるのでしょうが。

井沢元彦

学校では教えてくれない日本史の授業　謎の真相

◆目次

第三章　親鸞、道元の教えはなぜ広まったか

第四章 軍師・山本勘助の実在否定の謎

第五章 武田信玄の謎に包まれた上洛ルート

第六章 織田信長はそのときなにを見たか

第七章 秀吉を支えた参謀・半兵衛と副将・官兵衛

第八章　明智光秀謀反の陰に帝の姿が！

第九章 太閤秀吉の墓をめぐるミステリー

第十章 絢爛たる戦国の終焉、大坂城

第十三章 使い捨てられたテクノクラート大久保長安

第十四章

大久保はなぜ西郷と袂《たもと》を分かったのか

第一章

大極殿のクーデター

日本の主権者を決めた最終戦

◇入鹿《いるか》謀殺グループの結成

それは皇極《こうぎょく》天皇四年（六四五、のちに大化《たいか》元年と改元）に起こりました。勝者の記録である『日本書紀』などによれば、当時蘇我《そが》氏は専横をきわめ、臣下の身でありながら勝手に人民を使役し、自身を「みかど」、子を「みこ」、生前につくった墓を「みささぎ」などとよばせました。いずれも本来は、天皇にしか許されない呼称です。

心ある人のなかには、このまま放っておけば天皇家の存立自体が危うくなると考える者もいました。すなわち蘇我天皇の出現です。

ここにおいて、朝廷のなかに反蘇我グループが誕生しました。蘇我氏の中心人物蘇我蝦夷《えみし》・入鹿の親子を倒し、その勢力を朝廷から一掃することが目的です。

そのグループの中核となったのは中臣鎌足《なかとみのかまたり》です。のちに位人臣《くらいじんしん》をきわめ藤原氏の祖となるこの人物は、宮廷における神祇祭祀《じんぎさいし》をつかさどる家に生まれましたが、家格はけっして高いとはいえず、蘇我氏の専制政治のもとでは冷遇されていたと思われます。

この人物がこのような大それた陰謀の主役となった理由ですが、これから考えると皇室に対する忠義の心だけではないように思われます。一か八《ばち》か、蘇我の世をひっくり返すことができれば、自分は最大の功労者として一躍出世できる。そういう打算があったのかもしれません。ただし推測です。

だが仮にそういう打算があったにしても、日本最高の権力者であり、皇位を蔑《ないがし》ろにするほどの実力者である蘇我親子を討とうというのですから、勇気のある男であったことは間違いありません。

もちろん鎌足だけではなにもできません。数の問題だけではなく、天皇家のために蘇我を打倒するといっても、一人でやったのでは私怨《しえん》と間違えられる恐れがあります。皇室のなかにだれか後ろ楯《うしだて》をもち、その人を名目上の盟主と立てなければ、成功の暁に出世することもできません。

そこで鎌足が選んだ人物が、中大兄《なかのおおえ》皇子（のちの天智《てんじ》天皇）でした。鎌足がどうやって中大兄の信頼を得たか、そのきっかけについては有名な話が『日本書紀』に伝えられています。

宮廷で行なわれた蹴鞠《けまり》の際、鞠を蹴ろうとして脱げてしまった皇子の沓《くつ》を、たまたま接触の機会をねらっていた鎌足が拾い上げ、そしてそれがきっかけとなって両者は親しくなったというのです。

中大兄も、蘇我氏が聖徳《しょうとく》太子の子孫を滅亡させたことなど、許しがたい振る舞いとして憤《いきどお》っていました。ここに両者の連係は成立し、蘇我氏の一族でありながら冷遇されていた蘇我倉山田石川麻呂《くらやまだのいしかわまろ》や、佐伯連子麻呂《さえきのむらじこまろ》などの同志を募《つの》り、作戦計画を立てました。

その作戦とは蘇我入鹿謀殺です。

蘇我氏の中心人物入鹿を殺し、間髪を入れずに兵を挙げて、蘇我氏を権力の座から排除しようという、日本最大のクーデター計画でした。

◇クーデター決行の日

計画は念入りに練られました。

実行は六四五年の六月十二日の朝。

蹴鞠（「多武峯縁起絵巻」談山神社蔵 画像提供 奈良国立博物館 撮影 森村欣司）
鎌足は脱げた中大兄の沓を拾って接近した

身辺にいつも護衛をつけ警戒していた蘇我入鹿を確実に殺すため、飛鳥板蓋宮《あすかいたぶきのみや》の大極殿《だいごくでん》で行なわれる儀式に事寄せておびき出すことにしました。三韓《さんかん》からの朝貢《ちょうこう》です。外交使節の到来ですから、天皇の前で表文（国書）が読み上げられます。そこには大臣《おおおみ》たる入鹿も立ち会わねばなりません。もちろん護衛兵を連れて行くわけにはいきませんでした。中大兄のクーデター・グループは、そこで入鹿を討ち取ることにしたのです。

入鹿は大極殿にやって来ました。中に入れば一人です。ただし帯剣しています。その剣を、俳優《わざおぎ》（宮廷ピエロ）が言葉巧みにはずさせました。滑稽《こっけい》なことをいって、入鹿を笑わせ油断させ巧みに丸腰にしたのです。

三韓の表文は、仲間の石川麻呂が読むことになっていました。天皇の御前で石川麻呂が表文を読み上げているとき、それをわきで拝聴している丸腰の入鹿を一気に斬るという作戦です。直接の討手《うちて》は佐伯連子麻呂と葛城稚犬養連網田《かつらぎのわかいぬかいのむらじあみた》です。鎌足は二人に剣を与えて、しっかりやれと激励しました。しかし、二人は緊張の余り胃のなかのものを吐く始末です。

鎌足は怒鳴りつけて、もう一度励ましました。

いよいよ実行です。石川麻呂が表文を読みはじめます。

中大兄は槍《やり》、鎌足は弓をもち、いざというときは子麻呂らを助けるつもりで殿中に待機していました。宮殿に通ずる十二の門がすべて閉じられ、入鹿の逃げ道は塞《ふさ》がれたのです。

準備は完了しました。ところが、ここにいたって子麻呂ら二人がびびってしまいました。なにしろ相手は鬼のような独裁者です。恐怖と緊張の余り、どうしても体が動きません。

一方、表文を読み上げている石川麻呂は、いつまで経っても二人が斬りかからないので、声が乱れ、手が震え、全身汗まみれになりました。読み上げの最中に斬りかかる手はずなのに、このままでは読み終えてしまいます――。

「なぜそんなに震える」

入鹿が不審気に問いました。

「天皇の御前で、あまりに恐れ多いので」

石川麻呂はかろうじてごまかしましたが、目の前は真っ暗になったでしょう。

入鹿は怪しみはじめました。このままではクーデターは失敗します。

そのときでした。中大兄はみずからを励ますように、

「やあ」

と、一声躍《おど》り出たのです。

子麻呂らもようやくそれにつづきました。

中大兄はみずから剣を抜き、入鹿に斬りつけます。入鹿も剣をもっていれば防戦したでしょうが、なにせ丸腰です。初太刀《しょだち》に肩を割られ、そこへ子麻呂が足を斬りました。

入鹿は皇極《こうぎょく》女帝の前にひれ伏し、助命を乞《こ》いました。

女帝が驚いてわけを問うと、中大兄は、

「入鹿は皇族を全滅させて、国を奪おうとしております」

と、言上《ごんじょう》しました。

女帝はそれに対して、なにも答えず奥に入ります。入鹿は見捨てられたのです。

このあと、子麻呂と網田の二人が、入鹿をずたずたに斬り裂いてとどめを刺しました。

入鹿斬殺の場面（「多武峯縁起絵巻」談山神社蔵
画像提供 奈良国立博物館 撮影 森村欣司）
刀を振り上げているのが中大兄

この日は激しい雨が降っていましたが、入鹿の死体はその降りしきる雨のなか、庭に捨てられたといいます。

入鹿の死によって、さしもの蘇我氏も命脈が尽きたのです。

まだ入鹿の父蝦夷《えみし》が残っていましたが、中大兄の指揮下に入った官軍がその邸《やしき》に押し寄せると、蘇我の兵士たちはたちまち蝦夷を見捨てて逃げ散ったといいます。

翌十三日、権勢を失った蝦夷は、家伝の珍宝をことごとく焼き尽くし自殺しました。

クーデターは完全なる成功をおさめたのです。

◇日本の政治体制を確立

この事件は、おもに『日本書紀』によって記述しましたが、真相はこのとおりだったかというと確証はありません。

はじめにも断ったように、これは勝利者の側の記録ですから、そちらに都合の

いいように事実の歪曲《わいきょく》が行なわれている可能性も否定できません。

しかしだいたいにおいて、このとおりであると考えてもよいと思います。これは天皇家にとっては、みずからの権威を強化した輝かしい記録でありますし、蘇我氏が天皇家を凌《しの》ぐほど強大になったのは事実と考えられるからです。

それは『日本書紀』のなかに、蘇我氏が「みかど」「みささぎ」など、本来は天皇にしか許されない用語を使用したことなど、僭上《せんじょう》（分を越えたおごり）の事実がはっきり記載されていることからもわかります。

この事実は本来天皇家にとっては不名誉なことであり、それが記載されていることは、逆に蘇我氏の権力がいかに強大であったかを示しています。

もっとも実態はさらに深刻で、この時代の日本は皇極天皇と〝蘇我〟天皇が対立していたのだ、と説く人もいるくらいです。

たしかにそれらしい記述もほかにいくつかみられます。

天皇家は日本の正統な支配者としての地位と権威を獲得するまで、対立する部族との争いを勝ち抜いてきました。

その権威が確立して以後は、いかなる権力者も、これを利用することはあっても、それに取って代わることはできなくなりました。信長も秀吉も、足利尊氏《あしかがたかうじ》も家康も、形式的には天皇の家来です。

だからこそ、**幕末には大政奉還という世界に例のない〝革命〟が行なわれることになるわけですが、いわばその道を開いたのがこのクーデター＝乙巳《いっし》の変であり、それに続く大化改新《たいかのかいしん》であるともいえます。**

蘇我氏を最後に、天皇家と対等になろうとし、あまつさえこれを越えようとする部族はいなくなりました。

そう考えてみると、天皇家対蘇我氏の戦いは、日本の正統な主権者を決めるトーナメントの最終戦であり、その勝利を確定したこのクーデターは、その後の日本の政治体制を決める重大な事件であったといえるのです。

第一章のまとめ

・乙巳《いっし》の変は、蘇我氏の中心人物入鹿を殺し、間髪を入れずに兵を挙げて、蘇我氏を権力の座から排除した、日本最大のクーデターでした。

・『日本書紀』の乙巳の変の記述は、天皇家にとっては、みずからの権威を強化した輝かしい記録でありますし、蘇我氏が天皇家を凌《しの》ぐほど強大になったのは事実と考えられます。

・天皇家は日本の正統な支配者としての地位と権威を獲得するまで、対立する部族との争いを勝ち抜いてきました。その権威が確立して以後は、いかなる権力者も、これを利用することはあっても、それに取って代わることはできなくなりました。信長も秀吉も、足利尊氏《あしかがたかうじ》も家康も、形式的には天皇の家来です。

・天皇家対蘇我氏の戦いは、日本の正統な主権者を決めるトーナメントの最終戦であり、その勝利を確定したこのクーデターは、その後の日本の政治体制を決める重大な事件であったといえるのです。

第二章

柿本人麻呂はなぜ正史に登場しないのか

◇詩人は魔術師、錬金術師

詩は言葉の魔法であるといいます。

原初は、たんなる情報伝達のための記号にすぎなかった「言葉」が、民族の歴史のなかで、磨《みが》かれ高められて、ついには玄妙《げんみょう》な芸術の域に到達するのです。二十一世紀の今日でさえ、詩を語ることができない単純な言葉しかもたない民族もいます。

それを思えば、われわれ日本人は幸福です。

日本語が言葉として独自の地位を確保してから、おそらく二千年ほどの歳月が流れているでしょう。当初は、中国、朝鮮といった東アジアの先進国に比べ、粗末な衣服や住居しかなかったわれわれの祖先が、周囲の状況に刺激を受けてしだいに成長していき、その過程で日本語は東アジアのなかで独立したのです。

言語が独立するには二つの要件があります。

一つは、その言語がすべての学問を語ることができるほどの精度をもつこと。

柿本人麻呂（京都国立博物館蔵）

もう一つは、その言語で芸術を創造できることです。繰り返しますが、言語は、たんなる情報伝達のための記号にすぎませんでした。また、どのような人間でも同じ文化圏にいれば、同じ言語を使います。王者でも庶民でもたいした違いはありません。

にもかかわらず、同じ材料を使いながら、たんなる記号としての言葉をはるかに超越した、美しい魔物に変えてしまう人たちがいます。

それが詩人です。

言葉を並べて、文章をつづるだけならば、いまやコンピューターにだってできます。

しかし、詩人はまったく同じ材料を使いながら、コンピューターや並みの人間には絶対にできない「詩」というものを創造してしまうのです。

まさに魔術師であり錬金術師なのです。

もちろん、それは天才のなせる業《わざ》でしょう。

言葉は「詩人」という天才たちに操られてこそ、その能力を最大限に発揮するのです。

力をも入れずして天地《あめつち》を動かし、目に見えぬ鬼神《きしん》をもあはれとおもはせ――『古今集《こきんしゅう》』の仮名序《かなじょ》（かな書きの序文）にあるこの言葉は、言語芸術の極地《きょくち》と理想を明示しています。

そういうことのできる人間を、幸いにもわれわれの民族は何人かもっています。

その一人、最初の一人といってもいいのが、詩人としての柿本人麻呂《かきのもとのひとまろ》（人麿）なのです。

人麻呂によって言葉は芸術となりました。

人麻呂以前にも、小詩人《マイナーポエト》はいました。

人麻呂の出現を促《うなが》す偉大な序曲のような、きらびやかな人たちが。

『万葉集』（巻二）舒明《じょめい》天皇の望国《くにみ》の歌、

大和《やまと》には　群山《むらやま》あれど　とりよろふ　天《あま》の香久山《かぐやま》　登り立ち　国見をすれば

国原《くにはら》は　煙《けぶり》立ち立つ　海原《うなはら》は　鷗《かもめ》立ち立つ　うまし国そ　蜻蛉島《あきづ》　大和の国は

同じく（巻一）天智《てんじ》天皇の歌、

わたつみの豊旗雲《とよはたくも》に入日《いりひ》見し今夜《こよひ》の月夜《つくよ》さやに照りこそ

天皇の歌が二つつづいてしまいましたが、とくに意味があるわけではありません。このほかにも、さまざまな歌人がいました。ただ古代の日本では、文化人はかならずなんらかのかたちで宮廷に所属していたといえるでしょう。

人麻呂も例外ではありません。

それどころか、彼の作品は宮廷の消長と密接に関連しています。それは間違いのない事実です。しかし、どのように関連しているのかという、具体的な話になると、語られる所説には天と地の開きがあります。

したがって、まず、詩人人麻呂の代表的な作品を紹介することによって、彼の偉大な足跡を振り返ってみましょう。

◇人の心を打つ人麻呂の歌

まず最初に『万葉集』（巻二）より、人麻呂が壬申《じんしん》の乱で滅亡した近江《おうみ》京をしのんでうたった長歌ならびに反歌。

近江の荒れたる都を過ぐる時、柿本朝臣《あそみ》人麻呂の作る歌

玉襷《たまたすき》　畝火《うねび》の山の　橿原《かしはら》の　日知《ひじり》の御代《みよ》ゆ　生《あ》れましし　神のことごと　樛《つが》の木の　いやつぎつぎに　天《あめ》の下《した》　知らしめししを　天《そら》にみつ　大和《やまと》を置きて　あをによし　奈良山を越え　いかさまに　思ほしめせか　天離《あまざか》る　夷《ひな》にはあれど　石走《いはばし》る　淡江《あふみ》の国の　楽浪《ささなみ》の　大津《おほつ》の宮に　天《あめ》の下《した》　知らしめしけむ　天皇《すめろき》の　神の尊《みこと》の　大宮は　此処《ここ》と聞けども　大殿《おほとの》は　此処と言へども　春草の　繁《しげ》く生ひたる　霞立ち　春日《はるひ》の霧《き》れる　ももしきの　大宮処《おほみやどころ》見れば悲しも

反歌

ささなみの志賀《しが》の辛崎《からさき》幸《さき》くあれど大宮人《おほみやひと》の船《ふね》待ちかねつ

ささなみの志賀の大わだ淀《よど》むとも昔の人にまたも逢《あ》はめやも

こまかに解釈しなくても大意はおわかりでしょう。人麻呂は志賀（滋賀）の大津宮を通り過ぎて行きます。ここは六七二年に壬申の乱が起こり、天智天皇の築いた京がことごとく灰塵《かいじん》に帰《き》した場所です。あの英明な天智帝が中大兄皇子《なかのおおえ》とよばれていた時代に、蘇我《そが》氏を倒し大化改新《たいかのかいしん》をなし遂げた偉大な王者が、全精力を注いで築き上げた都です。それがわずか数年の間に廃墟《はいきょ》となったのです。

壬申の乱は、天智帝の子の大友皇子《おおとも》と天智帝の弟の大海人《おおあま》皇子の争いとされています。先に皇位を継いだ大友皇子（弘文《こうぶん》天皇）が、叔父《おじ》に当たる大海人皇子（のちの天武《てんむ》天皇）に滅ぼされた骨肉の争いです。人麻呂はかつての大津京の繁栄を想い、この歌を残しました。

栄華をきわめた都が、わずか五年余りで崩壊してしまいました。その悲しみが痛切に伝わってくる歌です。

志賀の海として多くの歌人に詠まれた琵琶湖

悲しみをうたうといえば、人麻呂の独壇場ともいうべき「挽歌《ばんか》」というものがあります。

挽歌とは本来「人の柩《ひつぎ》を挽《ひ》くときの歌」のようですが、これから転じて、人の死を悼《いた》み、あるいは悲しむ歌の総称となりました。

まず、『万葉集』（巻二）「挽歌」から、柿本朝臣人麻呂、妻死《みまか》りし後、泣血哀《きふけつあい》慟《どう》して作る歌二首。

天飛《あまと》ぶや、軽《かる》の路《みち》は　吾妹子《わぎもこ》が　里にしあれば　ねもころに　見まく欲《ほ》しけど　止《や》まず行かば　人目を多み　数多《まね》く行かば　人知りぬべみ　狭根葛《さねかづら》　後《のち》も逢《あ》はむと　大船《おほぶね》の　思ひ憑《たの》みて　玉かぎる　磐垣淵《いはかきふち》の　隠《こも》りのみ　恋ひつつあるに　渡る日の　暮れ行くが如《ごと》　照る月の　雲隠る如　沖つ藻《も》の　靡《なび》きし妹《いも》は　黄葉《もみぢば》の　過ぎて去《い》にきと　玉梓《たまづさ》の　使の言へば　梓弓《あづさゆみ》　声《おと》に聞きて　言はむ術《すべ》　為《せ》むすべ知らに　声《おと》のみを　聞きてあり得ねば　わが恋ふる　千重《ちへ》の一重《ひとへ》も　慰むる　情《こころ》もありやと　吾妹子が　止《や》まず出《い》で見し　軽《かる》の市《いち》に　わが立ち聞けば　玉襷《たまたすき》　畝火《うねび》の山に　鳴く鳥の　声も聞《きこ》えず　玉桙《たまほこ》の

道行く人も　一人だに　似てし行かねば　すべをなみ　妹《いも》が名喚《よ》びて　袖《そで》そ振りつる（巻二・二〇七）

妻の死に動転した人麻呂は街道に飛び出します。行きかう人々に妻の面影《おもかげ》を求めますが、満たされるはずもありません。この悲しみは時代を超えて、人々の胸を打つでしょう。（反歌略）

次も挽歌です。

讃岐《さぬき》の狭岑島《さみねのしま》に、石《いは》の中に死《みまか》れる人を視《み》て、柿本朝臣人麻呂の作る歌一首

玉藻《たまも》よし　讃岐の国は　国柄《くにから》か　見れども飽《あ》かぬ　神柄《かむから》か　ここだ貴《たふと》き　天《あめ》地《つち》　日月《ひつき》とともに　満《た》りゆかむ　神《かみ》の御面《みおも》と　継ぎて来《く》る　中《なか》の水門《みなと》ゆ　船浮けて　わが漕《こ》ぎ来れば　時つ風　雲居に吹くに　沖見れば　とゐ波立ち　辺《へ》見れば　白波さわく　鯨魚《いさな》取り　海を恐《かしこ》み　行く船の　梶《かぢ》引き折りて　をちこちの　島は多けど　名くはし　狭岑《さみね》の島の　荒磯面《ありそも》に　いほりて見れば

波の音《と》の　繁き浜べを　敷栲《しきたへ》の　枕になして　荒床《あらどこ》に　自伏《ころふ》す君が　家知らば　行きても告げむ　妻知らば　来《き》も問はましを　玉桙《たまほこ》の　道だに知らず　おぼぼしく　待ちか恋ふらむ　愛《は》しき妻らは（巻二・二二〇）

人麻呂は人里離れた島で、岩の上に倒れ伏す死人を見ました。おそらく、その体は白骨化していたのでしょう。暗い運命に沈み、不幸な死を遂げた者に、人麻呂は深い哀れみを感じ、鎮魂《ちんこん》の歌をうたったのです。（反歌略）

鎮魂の歌といえば、もう一つ、太政大臣《だいじょうだいじん》をも務めた高市皇子《たけちのみこ》の死を悼《いた》む歌。

高市皇子尊《たけちのみこのみこと》の城上《きのへ》の殯宮《あらきのみや》の時、柿本朝臣人麻呂の作る歌一首并《ならび》に短歌

かけまくも　ゆゆしきかも　言はまくも　あやに畏《かしこ》き　明日香《あすか》の　真神《まかみ》の原に　ひさかたの　天《あま》つ御門《みかど》を　かしこくも　定めたまひて　神《かむ》さぶと　磐隠《いはがく》ります　やすみしし　わご大君《おほきみ》の　きこしめす　背面《そとも》の国の　真木《まき》立つ　不《ふ》破山《はやま》越えて　高麗剣《こまつるぎ》　和蹔《わざみ》が原の　行宮《かりみや》に　天降《あも》り座《いま》して　天の下　治《をさ》め給ひ　食《を》す国《くに》を　定めたまふと　鶏《とり》が鳴く　吾妻《あづま》の国の　御軍士《みいくさ》を　召し給ひ

て　ちはやぶる　人を和《やは》せと　服従《まつろ》はぬ　国を治めと　皇子《みこ》ながら　任《ま》け給へば、大御身《おほみみ》に　太刀《たち》取り帯《お》ばし　大御手《おほみて》に　弓取り持たし　御軍士を　あどもひたまひ　斉《ととの》ふる　鼓《つづみ》の音は　雷《いかづち》の　声《おと》と聞くまで　吹く響《な》せる　小角《くだ》の音も　敵《あた》見たる　虎か吼《ほ》ゆると　諸人《もろひと》の　おびゆるまでに　捧げたる　幡《はた》の靡《なびき》は　冬ごもり　春さり来れば　野ごとに　着きてある火の　風の共《むた》　靡くがごとく　取り持てる　弓弭《ゆはず》の騒《さわき》　み雪降る　冬の林に　飄風《つむじ》かも　い巻き渡ると　思ふまで　聞きの恐《かしこ》く　引き放つ　矢の繁けく　大雪の　乱れて来《きた》れ　服従《まつろ》はず　立ち向ひしも　露霜《つゆしも》の　消《け》なば消ぬべく　行く鳥の　あらそふ間《はし》に　渡会《わたらひ》の　斎《いつき》の宮《みや》ゆ　神風《かむかぜ》に　い吹き惑はし　天雲《あまくも》を　日の目も見せず　常闇《とこやみ》に　覆《おほ》ひ給ひて　定めてし　瑞穂《みずほ》の国を　神《かむ》ながら　太敷きまして　やすみしし　わご大王《おほきみ》の　天の下　申し給へば　万代《よろづよ》に　然《しか》しもあらむと　木綿花《ゆふはな》の　栄ゆる時に　わご大王　皇子《みこ》の御門《みかど》を　神宮《かむみや》に　装《よそ》ひまつりて　使はしし　御門の人も　白栲《しろたへ》の　麻衣《あさごろも》着《き》　埴安《はにやす》の　御門の原に　茜《あかね》さす　日のことごと　鹿《しし》じもの　い匍《は》ひ伏しつつ　ぬばたまの　夕《ゆふべ》になれば　大殿《おほとの》を　ふり放《さ》け見つつ　鶉《うづら》なす　い匍ひもとほり　侍《さもら》へど　侍《さもら》ひ得ねば

春鳥の　さまよひぬれば　嘆きも　いまだ過ぎぬに　憶《おも》ひも　いまだ尽きねば　言《こと》さへく　百済《くだら》の原ゆ　神葬《かむはぶ》り　葬《はぶ》りいまして　麻裳《あさも》よし　城上《きのへ》の宮を　常宮《とこみや》と　高くまつりて　神ながら　鎮《しづ》まりましぬ　然《しか》れども　わご大王《おほきみ》の　万代《よろづよ》と　思《おほ》ほしめして　作らしし　香具山《かぐやま》の宮　万代に　過ぎむと思へや　天の如《ごと》　ふり放け見つつ　玉襷《たまたすき》　かけて偲《しの》はむ　恐《かしこ》かれども（巻二・一九九）

短歌二首

ひさかたの天《あめ》知らしぬる君ゆゑに日月《ひつき》も知らず恋ひ渡るかも（巻二・二〇〇）

埴安《はにやす》の池の堤《つつみ》の隠沼《こもりぬ》の行方《ゆくへ》を知らに舎人《とねり》はまとふ（巻二・二〇一）

人麻呂の本領は、いまは滅び去った「長歌」という形式に発揮されています。五・七の句を繰り返し、最後は七の句で終わるこの形式は、人麻呂の詩魂にぴったりと合ったもののように思えます。

もちろん、人麻呂はすぐれた短歌（反歌）をもつくっています。

淡海《あふみ》の海《うみ》夕浪千鳥汝《な》が鳴けば情《こころ》もしのに古《いにしへ》思ほゆ（巻三・二六六）
東《ひむかし》の野に炎《かぎろひ》の立つ見えてかへり見すれば月傾《かたぶ》きぬ（巻一・四八）
天離《あまざか》る夷《ひな》の長道《ながぢ》ゆ恋ひ来れば明石《あかし》の門《と》より大和島見ゆ（巻三・二五五）
あしひきの山川《やまがは》の瀬の響《な》るなべに弓月《ゆつき》が嶽《たけ》に雲立ち渡る（巻七・一〇八八）
もののふの八十《やそ》氏河《うぢがは》の網代木《あじろき》にいさよふ波の行く方《へ》知らずも（巻三・二六四）

以上、私のとくに好きな五首を順不同にあげましたが、たしかに、短歌でも人麻呂は一つの独自の領域を完成させています。しかし、それだけの理由で短歌だけを重要視するのは間違いです。

ところが、現実には、たとえば古代から現代を通じての歌集がつくられる際に、人麻呂は短歌だけがとり上げられるような不当な待遇を受けています。

近代や現代の歌人にまじって、人麻呂の短歌だけがとり上げられ、おもにスペースと他の作品とのバランス（近代歌人は長歌をつくらない）の関係で、人麻呂の長歌は不当にも割愛《かつあい》されてしまうのです。

かといって、ふつうの詩集にも、それが韻律《いんりつ》のある歌という理由で、掲載されません。

人麻呂の長歌を読みたければ、原典である『万葉集』を読むのが最善の方法です。それは否定しませんが、もう少し彼の長歌が他の詞華集《しかしゅう》などに掲載されてもいいのではないでしょうか。

もっとも、現代日本では個人歌集（詩集）が全盛で、詞華集などは流行の外にあることはよくわかっているのですが。

話がわき道にそれました。もう一つ、彼の長歌を紹介しましょう。

柿本朝臣人麻呂、石見国《いはみのくに》より妻に別れて上り来る時の歌二首幷に短歌

石見《いはみ》の海　角《つの》の浦廻《うらみ》を　浦なしと　人こそ見らめ　潟《かた》なしと　人こそ見らめ
よしゑやし　浦は無くとも　よしゑやし　潟は無くとも　鯨魚《いさな》取り　海辺
を指して　和多津《にきたづ》の　荒磯《ありそ》の上に　か青なる　玉藻《たまも》沖つ藻　朝羽振《あさはふ》る　風こ
そ寄せめ　夕羽振《ゆふはふ》る　浪《なみ》こそ来寄せ　浪の共《むた》　か寄りかく寄る　玉藻なす
寄り寝し妹《いも》を　露霜の　置きてし来れば　この道の　八十隈毎《やそくまごと》に　万《よろづ》たび
かへりみすれど　いや遠《とほ》に　里は放《さか》りぬ　いや高に　山も越え来ぬ　夏草の

思ひ萎《しな》えて　偲ふらむ　妹《いも》が門《かど》見む　靡《なび》けこの山（巻二・一三一）

反歌二首

石見のや高角山《たかつのやま》の木《こ》の際《ま》よりわが振る袖《そで》を妹見つらむか（巻二・一三二）

小竹《ささ》の葉はみ山もさやに乱るともわれは妹思ふ別れ来ぬれば（巻二・一三三）

本来、詩人はすべて作品によって評価されるべきであり、それ以外で評価されることがあってはなりません。作者がどのような人間で、どう生きたか、それを知ることによって興趣が深まる場合もあります。しかし、それはあくまでつけ足しであり、いかに劇的な生涯を送ったとしても、作品がそれに及ばなければなんの意味もありません。これが原則です。

しかし、人麻呂の場合はこの原則を若干修正する必要があります。人麻呂の時代背景、当時の政治状況などを勘案すると、たんに興趣が深まるというだけではなく、歌の内容を有機的に理解することができるのです。

もちろん、それは人麻呂の歌が他の条件から独立して鑑賞できないということではありません。むしろ、そうではないことを証明するために、私はあえてここでは詳細な歌の背景説明をしませんでした。そんなことをしなくても、人麻呂の歌は十分に心を打ったはずです。

しかし、先に述べたような事情があることもけっして否定できません。

◇謎《なぞ》に包まれた人麻呂の人物像

じつは、人麻呂の生涯は謎に包まれています。

その生涯について事実と確認できることは、ほんのひと握りなのです。

一、生没年未詳。ただし天智《てんじ》朝から文武《もんむ》朝ころの人らしい。

二、持統《じとう》・文武朝期に宮廷歌人として活躍、日並知皇子尊《ひなみしのみこのみこと》（草壁《くさかべ》皇子）、高市《たけち》皇子らの死に当たって殯宮《ひんきゅう》の歌をつくっている。

三、近江《おうみ》・讃岐《さぬき》・筑紫《つくし》国や瀬戸内地方へ行ったことがある。

四、石見《いわみ》国で死んだらしい。

この四点だけはどんな学者でも認めている、といっていいでしょう。

ただこまかな点まで突きつめると、問題が出てきます。

たとえば「宮廷歌人」の概念、石見国で死んだのかどうか――など。四の「……らしい」を「……だ」と断定調に改めると、さっそく異論が出てくる始末なのです。

どうして、そうなってしまうのでしょうか。

答えは簡単で、**この時代の正史（国がつくった歴史書）のなかに、柿本人麻呂が一度も登場しないからです。**人麻呂は『万葉集』という歌集のなかでは第一等の主役なのですが、『日本書紀』や『続日本紀《しょくにほんぎ》』のなかには脇役《わきやく》としてすら登場しないのです。

この時代には宮廷以外に文化人の存在する余地はありません。町人や大衆のなかから文化が生まれてくるのは、もっとずっとあとのことです。

この時代の、しかも宮廷の関係者なら、かならず官位をもっています。すなわち正一位からはじまるあれです。以下、従一位、正二位、従二位、正三位――と下がっていきます。そして、この時代の通例として、五位以上の人間の任官は正史に記録されます。でも、人麻呂の名は史書には見当たりません。

さらに、人間の死についても官位による区別があります。

三位以上の身分の人が死ぬと、それを「薨《こう》」と表現し、五位以上は「卒《そつ》」、六位以下はたんに「死」と書きます。

そこで『万葉集』（巻二）を見ると、人麻呂の死の事情については次の五首が手がかりとなります。

柿本朝臣《あそみ》人麻呂、石見国に在りて臨死《みまか》らむとする時、自ら傷《いた》みて作る歌一首

鴨山《かもやま》の岩根し枕《ま》けるわれをかも知らにと妹《いも》が待ちつつあらむ（巻二・二二三）

柿本朝臣人麻呂の死《みまか》りし時、妻依羅娘子《よさみのをとめ》の作る歌二首

今日《けふ》今日《けふ》とわが待つ君は石川の貝に（一に云ふ谷《かひ》に）交《まじ》りてありといはずやも（巻二・二二四）

直《ただ》の逢《あ》ひは逢ひかつましじ石川に雲立ち渡れ見つつ偲《しの》はむ（巻二・二二五）

丹比真人《たぢひのまひと》（名をもらせり）柿本朝臣人麻呂の意《こころ》に擬《なずら》へて報《こた》ふる歌一首

荒波に寄りくる玉を枕《まくら》に置きわれここにありと誰か告げなむ（巻二・二二六）

或《あ》る本の歌に曰《い》はく

天離《あまざか》る夷《ひな》の荒野に君を置きて思ひつつあれば生《い》けるともなし（巻二・二二七）

右の一首の歌、作者いまだ詳《つばひ》らかならず。但し、古本、この歌をもちてこの次《つぎて》に載す。

おわかりでしょうか、『万葉集』は人麻呂の最期《さいご》を「臨死」ないしは「死」と表現しているのです。この歌集においても、先ほど述べた官位による死の区別は貫かれているので、「死」とある以上、人麻呂は六位以下の下級官僚だったということになります。

この点に着目した江戸時代の国学者賀茂真淵《かものまぶち》は、先師契沖《けいちゅう》の説を発展させて、次のような推論をまとめました。

㈠、人麻呂は六位以下の下級官吏である（理由は前述）。

㈡、人麻呂は和銅四年（七一一）以前に死んだ。人麻呂の死を語る歌（前述の五首）が、巻二の「寧楽宮《ならのみや》」の節の、和銅四年と記載のある歌の直前にあるからである。

㈢、人麻呂は舎人《とねり》（下級官職の一つ。侍従《じじゅう》）である。時代の明確な人麻呂の歌は、持統三年（六八九）に草壁皇子が死んだときの歌であり、そのうたわれた状況からみて、人麻呂はその時点で舎人であった。

㈣、人麻呂は舎人を務めたあと、地方の下級役人となった。『万葉集』を見ても、彼はいろいろな地方に行っているが、国司《こくし》として赴任したのなら、かならず正史に記録があるはずである。それがない以上、人麻呂は三等官以下の掾《じょう》か目《さかん》であった。

そのほかに真淵は、人麻呂が舎人であることを土台にして、彼の年齢を持統三年の時点で二十四、五歳とみていて、死んだときは五十歳未満だったと推論しています。

真淵の考えた人麻呂像をまとめると、次のようになります。

「人麻呂は斉明《さいめい》天皇の御代《みよ》の頃に生まれ（死亡時から逆算）、二十四、五歳ごろ、草壁皇子の舎人であった。のち地方官吏に転じ、各地を転々としたが、官位は六位以下の下級官吏にとどまった。最後は任地の石見国で死んだが、それは和銅四

上畳本三十六歌仙絵　紀貫之像（五島美術館蔵）

年以前であることは確実で、おそらくは和銅年間の初期であろう。その一生を通じて政治上の事跡はなく、ただ歌人としてのみ後世に名を残した」

じつは、これは、こまかい点では異論があるものの、現在でも国文学者に支持されている通説です。

この説は当時の常識および『万葉集』の記載と矛盾《むじゅん》がなく、至極妥当《だとう》なものであるとして、江戸時代以来、今日まで支持されてきたのですが、一つ大きな問題があります。

『万葉集』とは矛盾しないのですが、『古今集』とは矛盾するのです。『古今集』、正しくは『古今和歌集』は日本最初の勅撰《ちょくせん》集（天皇の命によってつくられた歌集）です。『万葉集』が勅撰であると思われている方も多いようですが、これには明確な根拠がありません。人麻呂の出自とともに『万葉集』の起源も謎に包まれているのです。

さて、この矛盾とはなんでしょうか。まず『古今集』の仮名序《かなじょ》を見てください。筆者は当時の歌学の最高権威の一人である『土佐日記』の著者紀貫之《きのつらゆき》とされています。

いにしへより、かくつた（伝）はるうちにも、なら（平城）の御時よりぞ、ひろまりにける。かのおほむ世や、哥《うた》のこゝろをしろしめしたりけむ。かのおほん時に、おほきみつのくらゐ（正三位）、かきのもとの（柿本）人まろ（麻呂）なむ、哥のひじりなりける。これは、きみもひとも、身をあ（合）はせたりといふなるべし。秋のゆふべ、たつた（竜田）河にながるるもみぢをば、みかどのおほんめには、にしきと見たまひ、春のあした、よしの（吉野）の山のさくら（桜）は、人まろが心には、雲かとのみなむおぼえける。又《また》、山の辺のあか（赤）人といふ人ありけり。哥にあやしく、たへなりけり。人丸は赤人がかみにたゝむ事かたく、あかひとは人まろがしもにたゝむことかたくなむありける。この人々をおきて、又すぐれたる人も、くれ竹の世々にきこえ、かたいとの、よりよりにたえずぞありける。これよりさきの哥をあつめてなむ、万えふしふ（葉集）と、なづけられたりける。

これはあの有名な書き出し、

やまとうたは、人の心を種《たね》として、よろづの言の葉とぞなれりける。のあと、和歌の歴史と形態を述べた箇所につづく部分で、そのあとに、かの御時より、この方《かた》、としはも、とせ（百年）あまり、世はとつぎ（十代）になむなりにける。

という言葉があります。

まず前半の部分ですが、大意をとると、

「このように昔から歌の道は伝わってきたのだが、（とくに）平城《なら》の帝《みかど》（平城《へいぜい》天皇）の御代《みよ》に広まった。その時代に歌は広く人々の心をとらえたのである。そのとき、正三位《おおきみつのくらい》柿本人麻呂は歌聖であった。これは、歌の道で帝と人麻呂が身を合わせたというべきであろう。

秋の夕べ、竜田《たつた》川に流れる紅葉は帝の目には錦《にしき》と見え、春の朝、吉野の山桜は人麻呂の心には雲かと思えたのだろう。

また山辺赤人《やまべのあかひと》という歌の上手《じょうず》がいた。

人麻呂より赤人が上だとはいえず、赤人は人麻呂より下だともいえない。この人々のほかにもすぐれた歌人がたえず輩出した。そこで、この人麻呂や赤人以前

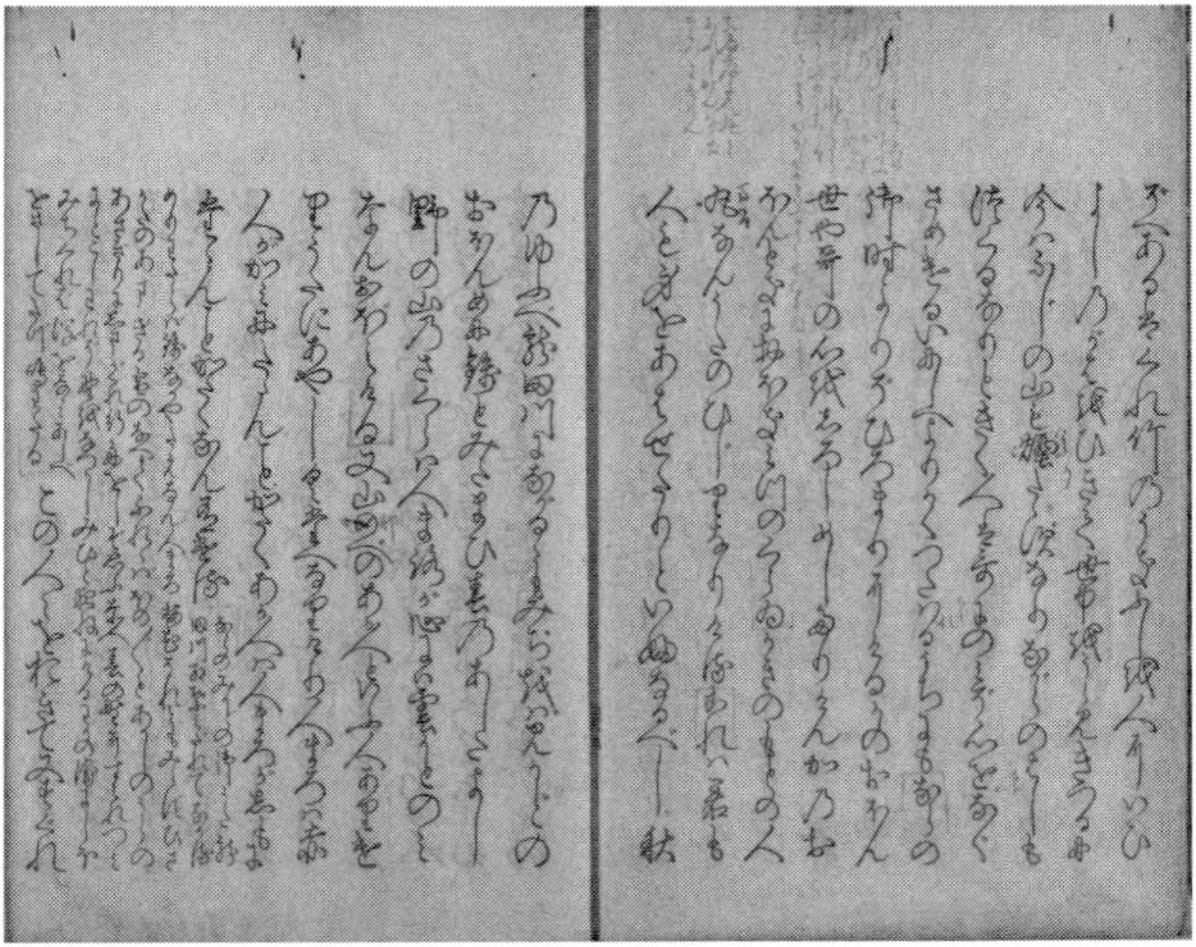

『古今集』仮名序（国立国会図書館蔵）

の歌を集め、万葉集と名づけたのである」

これをそのまま真実として受け取ると、人麻呂は平城天皇（在位八〇六～八〇九）の時代の人間ということになってしまいます。しかし、人麻呂は先ほど述べた『万葉集』の歌の配列によって、和銅年間（七〇八～七一四）の初期に死亡したとみられています。つまり、人麻呂が死後百年後に復活したということになってしまうのです。これは明らかな矛盾です。

しかも、人麻呂は正三位だったと述べられています。これではとても下級官吏とはいえません。三位といえば公卿《くぎょう》なのです。

江戸時代の万葉学者もこの矛盾に苦しみました。そして賀茂真淵は最後に明確な断をくだしたのです。

それは、この部分は後世起こった伝説による虚構であり、本文にあとから書き加えられたものだとしたのです。

正三位もうそ、人麻呂が平城帝といっしょにいたというのもでたらめと断定したのです。

現代の学者も、ほぼこの説を踏襲《とうしゅう》し、とくに人麻呂が正三位だったかどうかについては、これを完全に否定するのが通説となっています。

すなわち、賀茂真淵以来の人麻呂像が固定したイメージとして語り継がれ、明治以降の歌人や学者も人麻呂をこのイメージのなかでとらえていました。

◇人麻呂は粛清された

ところが、昭和四十八年に哲学者の梅原猛《たけし》氏が『水底《みなそこ》の歌——柿本人麿論』を世に送り、人麻呂論に新紀元を画しました。

この梅原氏の理論は、賀茂真淵《かものまぶち》以来の人麻呂論に根本的な変革を迫るものでありました。

梅原氏はまず、人麻呂の死に際してうたわれた短歌、「柿本朝臣人麻呂、石見《いはみの》国《くに》に在《あ》りて臨死《みまか》らむとする時、自ら傷みて作る歌一首」と、それにつづく四首（鴨山《かもやま》五首）に新しい解釈を加えます。

いままでの解釈では、最初の、

鴨山の岩根し枕《ま》けるわれをかも知らにと妹《いも》が待ちつつあらむ

これは問題ないとしても、次の、妻依羅娘子《よさみのをとめ》の歌、

今日《けふ》今日《けふ》とわが待つ君は石川の貝に（一に云ふ谷《かひ》に）交《まじ》りてありといはずやも

この歌の解釈がうまくできませんでした。

「貝に交りて」という句の意味が明確にできません。ほんとうに貝にまじっているとしたら、人麻呂は水底にいることになってしまうからです。

そこで、ある学者は注にある「谷《かひ》」のほうが正しいとしました。すなわち人麻呂は山奥の谷に消えて行ったとするのです。

また別の学者は、これは人麻呂を火葬にし、その遺骨を海に蒔《ま》いたのだとしました。

しかし、梅原氏は従来の解釈はすべて誤りで、人麻呂は水死したのだとしたのです。

そうすれば、「貝」を「谷」と読み替える必要はないし、次の丹比真人《たじひのまひと》の詠んだ、

荒波に寄りくる玉を枕《まくら》に置きわれここにありと誰か告げなむ

この歌も素直に解釈できます。

従来の説では、これは一種の誤解によってつくられたものだとしてきました。この歌には丹比真人が「人麻呂の意《こころ》に擬《なずら》へて」詠んだ歌という詞書《ことばがき》がありまず。真人が人麻呂に代わり、その気持ちを代弁した歌ですから、この歌の「われ」とは人麻呂のことになるのですが、これまた字義どおり解釈すると、人麻呂は海の中にいることになってしまいます。

したがって、「真人は人麻呂が海中で死んだと誤解していて、その誤解にもとづきこの歌を詠んだ。もともと誤解に立脚した歌だから、これはまったく価値がない」

これが、梅原氏以前の万葉学者や歌人の理論でした。

しかし、これも梅原氏の主張するように、水死という糸でつなげば、全部筋が通るのです。人麻呂が水死したとすれば、妻が水底にいる夫を思ってうたうのが当然ですし、友が海中にいる人麻呂の心を代弁してうたうのも、これまた当然です。

この水死ということについて、梅原氏は非常に興味深い指摘をしています。

一つは、中世の伝承において人麻呂は水難の神とされていたことです。

民俗学の視点からみれば、古来から日本で神に祭られた人物は、すべて怨霊《おんりょう》——すなわち非業《ひごう》の死を遂げた者でした。その祟《たた》りを恐れて神に祭るのです。たとえば業病《ごうびょう》で亡くなった人を、その病をなおしてくれる神として信仰する場合も多くあります。これらの観点を総合すると、人麻呂は水死で非業の死を遂げたということになります。

もう一つは『源氏物語』の「蜻蛉《かげろう》の巻」にも依羅娘子《よさみのをとめ》と同じイメージで、登場人物（浮舟《うきふね》）の死を案じている部分があるという指摘です。

このように、「人麻呂は水死した」ということを事実として認めると、人麻呂の死を語る「鴨山五首」がすべて有機的な関連をもっていることがわかります。これまでの通説では理解不可能だったことにいちおうの説明がつくのです。

さて、次になぜ人麻呂が水死しなければならなかったかですが。水死といえば、事故、自殺、他から強制された死（刑死）の三つしか考えられません。まず、事故の場合はありえません。事故死（しかも水死）した人間が、どうして辞世などを詠むことができるのでしょうか。

では、自殺か刑死かということですが、梅原氏は明確に刑死だとしています。人麻呂の歌の詞書に「自傷《みずからいたみて》」とあるからです。『万葉集』において、もう一つ「自傷」と詞書のある歌があります。巻二の一四一と一四二、処刑された有間皇子《ありまのみこ》が詠んだ歌です。これと同じように人麻呂も処刑される身を「自傷」として歌を詠んだにちがいないとするのです。

ではなぜ処刑されなければならなかったのでしょうか。

それは、人麻呂は下級官吏などではなく、天武《てんむ》・持統《じとう》朝の政治状況に大きな影響力をもつ詩人で、高級官僚であったからです。梅原氏はそのように主張しています。そして政治状況の変化によって、詩人は追放され粛清《しゅくせい》されたと考えるのです。

ここで梅原氏は通説ともう一つ大きな対立をしています。

人麻呂は『万葉集』の詞書の「死」という文字の解釈から、少なくとも江戸時代以降は下級官吏と考えられていました。これが現在も学界の通説です。しかも、この根拠である「死」の解釈は動かしがたいものです。

しかし、梅原氏は「死」の文字の解釈について、新たな突破口を見出しました。

それは高位高官でも、刑を科せられて罪人として死ぬときは、「薨《こう》」でも「卒《そつ》」でもなく、たんに「死」と書かれるということです。

ここで『古今集』の序文を思い出してください。

序文には「正三位柿本人麻呂」と書かれていました。

高位高官説はこの序文と矛盾しません。

もっとも梅原氏は生前の人麻呂が正三位だったとは考えておらず、この位はのちに人麻呂が復権を果たしたとき、追贈されたものであるとしています。このような例は日本の歴史に数多くあります。たとえば、菅原道真《すがわらのみちざね》、早良《さわら》皇太子らは、いずれも生前あるいは死後、無実の罪を着せられ、のちに祟《たた》りへの恐怖から生前より高い位を授けられています。

人麻呂も同じだと梅原氏はいうのです。

ここで『古今集』と通説のもう一つの相違にふれておきましょう。

それは序文で、時代の異なる平城《へいぜい》帝と人麻呂が、同時代に存在したと読める箇所です。ここでは常識ではありえないことが述べられています。それが正三位人麻呂という記述も間違いであるとする有力な根拠になっています。梅原氏はこの点を次のように解釈しました。

この序文は、人麻呂と平城帝が同時代にいたといっているのではなく、平城帝の御代に柿本人麻呂が歌聖であった（この時点で歌聖として認められた、あるいは復権した）ことを述べています。この時代に人麻呂は正三位を追贈されたと考えればよいのです。また「きみもひとも身を合わせた」という箇所は、美の理想の一つの極致《きよくち》を述べているのであって、時代を超えて二つの魂（人麻呂と帝）が感応したことを表現しているにすぎません。序文のどこを見ても、人麻呂と帝が同時代に生きた人間としているわけではないのです。

ここで、先ほどの序文の一部を、梅原氏の考えに沿って訳しなおしますと、

「このように昔から歌の道は伝わってきたのだが、（とくに）平城《なら》の帝（平城天皇）の御代に広まった。その時代に歌は広く人々の心をとらえたのである。そのとき、柿本人麻呂は正三位であり（正三位を贈られ）、歌聖として認められた。これは、歌の道で帝と人麻呂が（時代を超えて）魂を感応させたというべきだろう――」

これならば何もおかしいところはありません。

梅原氏以前の学者も歌人も、これが詩集の序文であることをあまりにも軽視していたのではないでしょうか。**詩のなかには文学的誇張も詩的真実もあります。通常の常識では正しいと認められないことでも、詩のなかでは一つの真実として生きるのです。**

詩集の序文でも、そのような部分があっても少しもおかしくはないのです。もっとも、これはコロンブスの卵で、梅原氏の所説に接したからこそ、いえることです。その点、自戒も込めていいますが、いままでの解釈はあまりにも底の浅い理性に頼りすぎていました。

たとえば、詩人が「空が白い」と書けば、それは詩的世界における真実なのであって、いかに科学的に「空は白くない」ことを証明しても無意味です。序文のこの部分の解釈において、これまでの人は薄っぺらな常識あるいは理性を用い、表面の意味にとらわれすぎていたのではないでしょうか。

また、人はそういう理性を用い、古《いにしえ》から伝わった貴重な伝承や文献の内容を、あるいは修正しあるいは削除して形を歪《ゆが》めてきました。

思うに、これは誤った啓蒙《けいもう》主義の所産でしょう。福沢諭吉は神社の御神体をひっぱり出し、それを沢庵《たくあん》石と替えておき、それに頭を下げている人間を嘲笑《ちょうしょう》しました。しかしなぜ、石が神体とされたのか、それを追求するのが学問であり科学であるという視点はありませんでした。同じようなことが文学の世界でも起こっていたのです。

昔、文学はすべての学問の母でありました。歴史も哲学も、ある意味では宗教さえも文学に包含《ほうがん》されていた時代があったのです。この時代の文学を研究するのに、浅薄《せんぱく》な合理主義はかえって害になります。あらゆる学問を総合した巨視的な見方こそ、古代を解明する最善の視点です。これが、おそらくは梅原日本学のもたらした最大の教訓です。

◇「人麻呂の正体」をめぐる反響

話がわき道にそれてしまいました。もう一度、人麻呂の話に戻りましょう。

梅原氏は、さらに、その卓越《たくえつ》した史眼で、人麻呂の正体に迫っています。

人麻呂が高官だとすると、もう一つ困ることがあります。五位以上の官人でしたら、それが正史に記載されるべきなのに、人麻呂という名は一度も正史に出てこないという点です。

じつは、この時代の正史にはきわめて遺漏《いろう》が多く、五位以上であっても書き落とされている場合が間々《まま》あります。しかし、それにしても人麻呂ほどの有名人が、正史に載る資格（五位以上）がある以上、書き落としということは考えにくいのです。

ではなぜ、人麻呂は正史にその名を見せないのでしょうか。

梅原氏は、それを人麻呂が刑罰によって名を改められ、その別名で載せられているからだとしています。

じつは『日本書紀』と『続日本紀《しょくにほんぎ》』に一回ずつ、柿本猨《さる》（佐留）という人間が出てきます。

とくに『続日本紀』和銅元年の記事に、

壬午《みずのえうまのひ》、従四位下《じゅしいげ》柿本朝臣佐留《かきのもとのあそんさる》卒《しゅっす》（死）

とあることに着目し、これがちょうど人麻呂の死んだ時期と一致することか

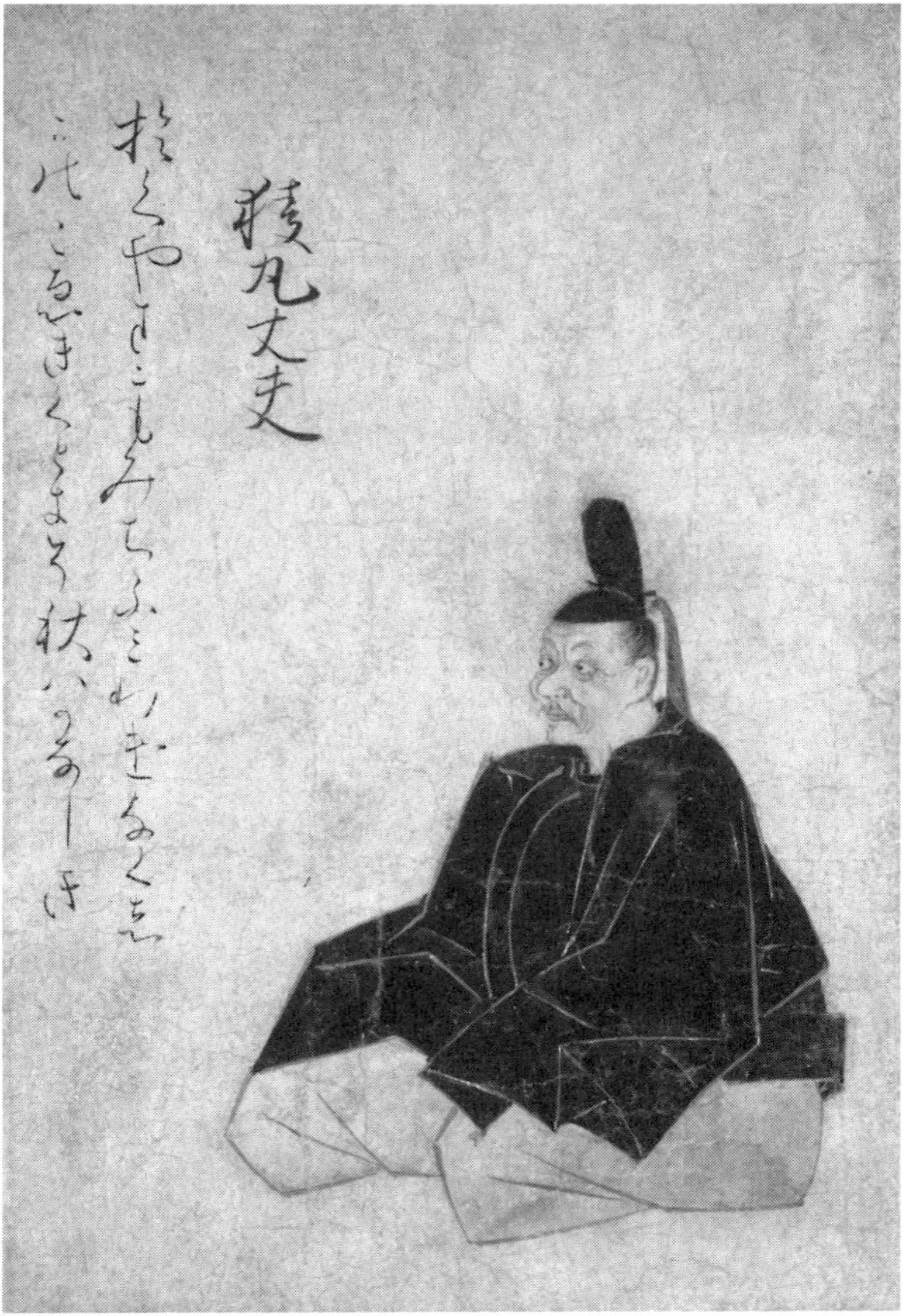

猿丸太夫（五島美術館蔵）

ら、このサルこそ人麻呂の変名であり、罪人とされた人麻呂がサルという醜《みにく》い名前に強制的に変えられたとするのです。そして、その傍証として猿丸大夫《さるまるだゆう》の伝承をとり上げています。

猿丸大夫は「百人一首」にも選ばれている伝説の歌人ですが、作品は確かなものが一つもなく、いつの時代の人かもわからないという謎《なぞ》の人物です。梅原氏は、これは伝説における人麻呂だとしています。人麻呂が伝説のなかではサル（サルマル）という名で活躍しているのだと考えるわけです。たしかにこの猿丸大夫は確証のある作品はなにもないのに、伝承においては歌の名人とされてきました。その謎も、正体が人麻呂であると考えれば氷解するのです。

さて、ここで梅原氏の人麻呂に関する所説をまとめてみましょう。

一、人麻呂は石見国で水死した。それもただの水死ではなく、処刑による水死である。

二、人麻呂は通説のように下級官吏（舎人《とねり》や地方官）ではなく、かなり位の高い人物である。

三、人麻呂は政治的犯罪者とされ流罪《るざい》にされた。

四、人麻呂は正史にはサルという名で登場する（人麻呂は強制的にサルと改名させられた）。

それぞれの論拠をあげておきましょう。

一は「鴨山《かもやま》五首」の解釈によります。この五首を字義どおり素直に解釈すれば、水死しかも処刑という結論が導き出されます。

二は、おもに『古今集』の序文です。当代随一の学者であり歌人でもある紀貫之《きのつらゆき》が、人麻呂は正三位だったと書いているのです。それが死後追贈されたものだとしても、生前の人麻呂が少なくとも下級官吏であったとは考えられません。

三、そのような人麻呂が都を遠く離れた石見国で死ななければならなかったとしたら、それは流罪による結果としか考えられません。また、その罪はおそらく政治的犯罪で、しかも冤罪《えんざい》です。無実の罪で非業《ひごう》の死を遂げたからこそ、死後、神に祭られたのであって、たんに歌がうまいというだけでは、神とされることはありません。

四、流罪人ならば名を強制的に醜いものに変えられても不思議はありません。

このほかにも梅原氏は、賀茂真淵《かものまぶち》以降の通説が人麻呂は五十歳未満で死んだとしているのを誤りだとし、伝承どおり六十歳以上まで生きたと主張しています。

私は、人麻呂論を梅原氏以前と以後に分けてもいいと思っています。それほど氏の理論は卓越しており、人麻呂に関するさまざまな矛盾や謎をみごとに解明しています。

では、この梅原理論に対して、専門の国文学者の集団——学界はどのような反応を示したのでしょうか、残念ながらその大勢《たいせい》は否定的でした。

しかも、その否定の仕方ははなはだ非論理的であり、かつヒステリックなものでした。

反対論の代表である益田勝実氏は雑誌で『水底《みなそこ》の歌』は「黙殺するか、空想的読み物として大いに楽しむか」とまで述べています。つまり学問的価値はゼロであると断定しているのです。ほんとうにそうなのでしょうか。もしそうならばいままでここに紹介してきたことは、すべて紙のむだであったということになります。

もちろん、けっしてそうではありません。

余談になりますが、日本ほど学問の世界において専門家が軽んじられる国はないという人がいます。私も、素人《しろうと》が専門家の領域に安易に口を出すべきではないとつねづね自戒しています。

しかし、この点に関しては、あえて繰り返しますが、けっして梅原理論は学問的に無価値ではありません。それどころか、真淵以降の万葉学の最大の収穫といっても過言ではないと思うのです。

では、なぜ、益田氏のように断ずる人が多く存在するのでしょうか。

正直いって、私にはよくわかりません。

ですが、専門の国文学者でない梅原氏に、あまりに画期的な新説を提出されてしまったので、専門の学者としては立つ瀬がありません。その悔《くや》しさといいましさが、黙殺や非論理的な反発につながっているのではないでしょうか。

そうだといってしまうのはいいすぎでしょうか。そこまで考えるのは邪推《じゃすい》であるかもしれません。むしろ邪推であってくれたらいいとさえ思います。真理を探究する学問の世界がそうであってほしくないからです。ですが、日本の学界には呆《あき》れ返るほど封建的な陰湿さが残っていることを、私は知っています。

一方、梅原氏の理論に賛意を表する学者もいます。人麻呂刑死説を認めた国文学者の中西進氏もその一人ですが、その中西氏の著書のなかにこういう一節があります。

「この説は十分に衝撃的で多くの話題をよんだが、学界の大勢は否定的である。私は氏の学問の基本のところにきわめて重要な指摘があるので、それに賛意を表したところ、梅原説もだめだが、それに賛成する中西もだめだと非難する言説があらわれた（と知人が告げてくれた。未見である）」（中西進『万葉の歌びとたち』角川書店刊。傍点筆者）

これは学界の側に身を置く人の発言です。これで梅原理論に対する学界の空気がどのようなものか、わかっていただけるでしょう。断っておきますが、中西氏は梅原理論に全面的に賛成しているわけではありません。そのなかの一つである人麻呂刑死説は正しいといっているのです。

また梅原氏が「鴨山五首」を実際に人麻呂やその妻が詠んだ歌としているのに対し、中西氏はこの五首は伝説歌であるとしています。しかし、中国の詩との比較研究によって、中西氏はこの歌が処刑にのぞんだ人間の詠んだ歌であることは間違いないとし、伝説にせよ人麻呂の名でそのような歌が残されている以上、刑死したかそれに近い状況で死んだと推測されると考えているのです。

ともあれ、専門の国文学者でさえ、少なくとも一部は正しいと考える説が、どうして別の学者からは学問的価値がゼロであるという評価がされるのでしょうか。

私はこの稿を書くに当たって、もう一度、益田氏が『水底の歌』を評した随筆（？）とそれに反論した梅原氏の文を読んでみました。「文学のひろば」（岩波書店刊『文学』一九七五年四月号）が益田氏の評であり、「『水底の歌』のアポロギア」（同一九七五年十月号）が梅原氏の反論です。

そして公平に見て、やはり益田氏の評には梅原氏の欠点を誇張した意識的な侮《ぶ》蔑《べっ》があると思いました。私の見方に誤りがあると思う方は、どうか前述の双方の論文を図書館のバックナンバーで見ていただきたいと思います。

◇人麻呂の思想の根本は平和への願い

もっとも、この論文には、どう見ても益田氏の言い分に理がある箇所もあります。それをいわなければフェアではないでしょう。

慧眼《けいがん》な読者はすでに気づかれたかもしれませんが、梅原理論によれば、人麻呂はサルというおとしめられた名を与えられ処刑されたことになります。しかし、正史はその死亡記事を「柿本朝臣佐留卒」と書いています。

もし人麻呂が罪人サルならば、その死には絶対に「卒」という文字は使われないはずです。逆にもしこの史書（『続日本紀』）が編纂《へんさん》された時代に人麻呂が復権していたとしたら、当然、変名の「サル」ではなく本名の「人麻呂」が「卒」したと書かれているべきだというのです。しかし、実際はそうではありません。だから人麻呂はサルではないのだ――というのが益田氏の反論の最も重要な部分です。

たしかにこの点は梅原理論の弱点です。

この点については、中西氏も前述の著書のなかで、「サル」とはむしろ柿本氏にとって由緒ある名ではないかという考えを述べています。

私見を述べますと、私も「サル」がそれほど悪い名、醜い名であるとは思えません。古代はむしろ動物や虫の名前を人名につける例は多くあったと考えられる

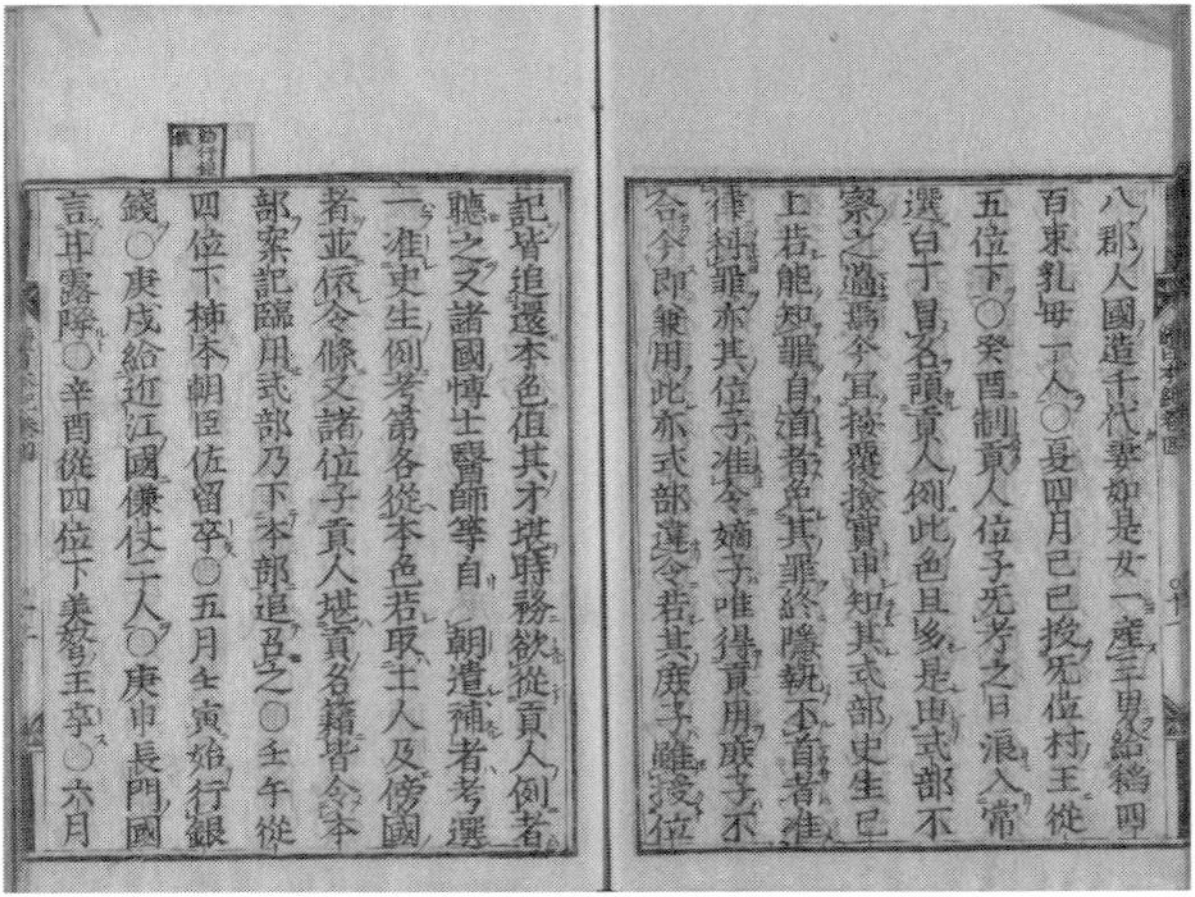

八郡人國造千代妻如是女一産三男給稲四
百束乳母一人○夏四月己巳授无位村王従
五位下○癸酉制貢人位子无考之日浪入常
選白丁冒名頂貢人例此色且多是由式部不
察之過焉今宜接獲撿實申知其式部史生已
上若能知罪自首者免其罪終隱執不首者准
律科罪亦其位子准令嫡子唯得貢用庶子不
合今即兼用此亦式部違令若其庶子雖授位
記皆追還本色但其才堪時務欲従貢人例者
聴之又諸國博士醫師等自 朝遣補者考選
一准史生例考第各従本色若取土人及傍國
者並依令條又諸位子貢人堪貢名籍皆令本
部案記臨用式部乃下本部追召之○壬午従
四位下柿本朝臣佐留卒○五月壬寅始行銀
錢○庚戌給近江國傔仗二人○庚申長門國
言甘露降○辛酉従四位下美努王卒○六月

『続日本紀』（国立国会図書館蔵）

のです。少なくとも極端にひどい名前であるとは思えません。

この点についてはあとで考えるとして、益田氏の反論をつづけましょう。氏の反論は、ここまではいちおう筋が通っていました。ところが、これから先がおかしくなるのです。氏は「人麻呂＝サル」説は認められない、だから他の「人麻呂高官説」「人麻呂水死刑説」も成立せず、よってこの本はすべて学問的に無価値である、と主張するのです。

これはどう考えてもおかしいのです。たしかに梅原理論におけるそれぞれの新説は相互に有機的な関連をもっています。だからといって、一つが否定されたら他が全部否定されてしまうというものではありません。

たとえば「人麻呂水死刑説」ですが、これは「人麻呂サル説」が成立しなくても、それとはまったく無関係な、「鴨山五首」の解釈だけで十分に論証できます。もし益田氏が『水底の歌』の所説がすべて無価値であると判断するなら、一つ一つの説をそれぞれに論破しなくてはいけません。それなのに氏は梅原理論の一部がおかしいという理由で、他を全否定しようとしています。そこには論理の大飛躍があるのです。一部に欠点があるからといって、それを理由に他の全《まった》き部分を全否定することを、日常われわれは「あら探し」といい「いいがかり」というのではないでしょうか。

言葉が過ぎたかもしれません。

それよりも、この「人麻呂サル説」と『続日本紀』の記述が矛盾する点を、どのように解決するかです。

梅原氏は『水底の歌』につづく『歌の復籍』という著書で、この点について、『続日本紀』が編纂《へんさん》される以前に罪人人麻呂の復権が行なわれたからだとしています。赦免《しやめん》があった以上、それ以後は罪人ではないのですから「佐留卒」と書いてもいいことになります。

しかし、あえて私見を述べれば、私はこの説明でもまだ弱いと思います。サルという名が侮蔑的イメージでとらえられすぎていると思えるのです。私はむしろ、梅原氏も前述の論文で述べているように、サルのほうが本名で、人麻呂は追贈された名か別名であると考えたほうがいいと思います。

すなわち、本名柿本サルという男が非業の死を遂げて、神に祭られるに当たって人麻呂という名を奉《たてまつ》られたのではないかということです。そのほうが論理の筋が通るのではないでしょうか。

以上、主として梅原氏の新説を中心に人麻呂の謎の生涯について考察してきましたが、ここで根本的な疑問が出てきます。

それは「人麻呂はなぜ刑死せねばならなかったのか」という問いです。これまで、私はそれに対して「政治状況」といういうじつに曖昧《あいまい》な言葉を使ってきました。しかし、これではなんの説明にもなりませんし、当時の状況を分析しなくては人麻呂の本質が理解できないという人もいるでしょう。

しかし、私はかならずしもその意見には賛成ではありません。詩人は、独立したその作品だけで評価するべきだという考えは、前にも述べました。

しかし、人麻呂自身もそう考えていたかどうかは疑問です。

われわれには、文学は政治とは独立した無縁のものであってほしいという願望があります。文学が政治にかかわるのをきらい、政治が文学にかかわるのをこれまたきらうのです。

文学とは詩とは、芭蕉《ばしょう》がいったように、夏炉冬扇《かろとうせん》であるべきです。これがわれわれの強固な伝統的精神です。

しかし、たとえば隣の中国においてはけっしてそうではありません。古代中国においては、いや現代もそうですが、「文章は経国《けいこく》の大業」です。詩文はあるときは権力に対する最も危険な凶器となるのです。中国の詩の歴史は、血塗られた抵抗の歴史でもあります。日本でも、おそらく古代はそうだったのでしょう。

誤解を恐れずいえば、人麻呂は一個の思想家であり、イデオローグ（観念論者）であったにちがいありません。**彼は彼自身の思想を高らかにうたい上げ、それを時の権力にぶつけ対立しました。そして、彼が類《たぐい》まれな詩才をもっていたばかりに、その力を恐れられ、時の権力に流され、殺されたのでしょう。**

大胆に想像すれば、日本の詩や文学が、政治とのかかわりを避けるようになったのは、人麻呂以後のことかもしれません。その意味で、人麻呂は日本で最初の最高の詩人であるとともに、独自の立場をもった詩人だったのではないでしょうか。

彼の思想とはなんでしょうか。

その根本にあるのは平和に対する希求《ききゅう》ではないでしょうか。彼はおそらく戦争体験者です。その原体験のなかに、当時日本最大の内乱であった壬申《じんしん》の乱があるのではないでしょうか。

この乱では、昨日までの政府軍が敗れ、反乱軍が勝っています。その滅亡した都、近江京を過ぎるときの歌は前に紹介しました。彼には二度とこのような悲劇を繰り返すまいとの決意があったように思えます。そして、その決意が国の安定への志向を生み、それが天皇の権力の強化を願う心につながっていったのでしょう。

大君《おほきみ》は神にし座《ま》せば天雲《あまくも》の雷《いかづち》の上に廬《いほ》らせるかも（巻三・二三五）

このような天皇賛歌をうたったことから、人麻呂はかつて御用詩人とよばれたことがありました。

しかし、人麻呂が天皇の賛歌をうたい、帝権の強化を念じたのは、二度と戦乱の世の中に戻りたくはなく、そのためには、天皇中心の国家の基礎を固めればいいと考えたのではないかと思います。

ここに『万葉集』に一首の歌も残していない政治家がいます。人麻呂と同時代の藤原不比等《ふひと》です。

不比等は、漢詩はつくりますが和歌はつくりません。少なくとも『万葉集』には残していません。この人物について、一つの象徴的事実があります。**不比等が権力を掌握《しょうあく》したと思われる文武《もんむ》天皇の時代、あれほど盛んだった宮廷に対する賛歌がうたわれなくなりました。**この期間は二十数年間です。

この間、人麻呂は都から姿を消します。

日本を法の支配による律令《りつりょう》国家としてつくり上げ、のちに娘を皇后にして天皇の外戚《がいせき》となった政治家藤原不比等は絶頂のときを迎えるのです。

その不比等も養老《ようろう》四年（七二〇）に死にます。

その死とほぼ時を同じくして宮廷賛歌は復活します。

しかし、その歌にはもうほとばしるような才能のきらめきはありませんでした。

詩人人麻呂はすでにそれより十年近く前、永遠の眠りについていたのです。

人麻呂の死によって、一つの時代が明確に終わりを告げていたのです。

第二章のまとめ

・言語が独立するには二つの要件があります。一つは、その言語がすべての学問を語ることができるほどの精度をもつこと。もう一つは、その言語で芸術を創造できることです。

・人麻呂は『万葉集』という歌集のなかでは第一等の主役なのですが、『日本書紀』や『続日本紀《しょくにほんぎ》』のなかには脇役《わきやく》としてすら登場しないのです。

・「人麻呂は水死した」ということを事実として認めると、人麻呂の死を語る「鴨山五首」がすべて有機的な関連をもっていることがわかります。これまでの通説では理解不可能だったことに、いちおうの説明がつくのです。

・昔、文学はすべての学問の母でありました。歴史も哲学も、ある意味では宗教さえも文学に包含《ほうがん》されていた時代があったのです。

第三章

親鸞、道元の教えはなぜ広まったか

◇「教団」をもたず「葬式」もしない

親鸞《しんらん》を開祖とする浄土真宗《じょうどしんしゅう》と道元《どうげん》を開祖とする曹洞宗《そうとうしゅう》は、平安時代までの貴族階級しか相手にしない旧仏教に対抗してはじめられ、その平明さから大衆の熱狂的な歓迎を受け、あっという間に庶民や下級武士に広がり一大勢力になりました。

――これが一般のいだいている常識的なイメージです。しかし、これは間違いです。どこが間違いかといいますと、すぐに広まったというところです。実態はそれどころか、この両者の教えは一時は滅亡する寸前までいったのです。うそでも誇張でもありません。これは歴史上の事実です。

しかし、現在この両宗が仏教の大勢力であることも紛《まぎ》れもない事実です。寺院の数だけでいうなら、曹洞宗系の寺院は全国に一万五千余もあります。

これは単独宗派としては最大の数で、信者数では日蓮正宗《にちれんしょうしゅう》に劣るものの、寺院数では浄土真宗系の東・西本願寺ですら及びません（東が九千余、西が一万

親鸞像（奈良国立博物館蔵）

余、合わせれば二万でようやく上回ります）。つまり教団としては大発展しているわけです。

では一度滅亡に瀕《ひん》した両宗が、どうしてここまで発展したのでしょうか、そもそも滅亡に瀕した原因はなんなのでしょうか、そのへんから探っていくことにしましょう。

滅亡に瀕した理由は、ある意味で非常に単純です。**親鸞も道元も、この二人の宗教的行き方というのは非常に対照的ですが、共通していることが一つあります。それは教団というものを認めなかったことです。**

現在の本願寺の大伽藍《がらん》や永平寺《えいへい》の壮大な禅堂、それに参詣《さんけい》する多数の信者を思うと、なかなか信じられないことですが、これも事実です。

親鸞は生涯旅から旅に明け暮れ、自分の本拠というべき寺をもちませんでした。本願寺というのは彼がつくった寺ではなく、彼の墓を中心にその子孫がつくったのです。しかも、親鸞はいわゆる旧仏教の「本山末寺制度」に批判的でした。弟子をとるという考え方もしませんでした。

たとえば有名な『歎異抄《たんにしょう》』を書いた唯円《ゆいえん》は、後世のわれわれからみると親鸞の弟子であるとしかいいようがありませんが、親鸞自身は同じ念仏の道を歩む者を「御同朋御同行《ごどうぼうごどうぎょう》」とよんでいました。現代語に翻訳すれば「同志」でしょうか。ここには上下関係はありません。少なくとも法主《ほっす》がいて、その下に役僧がいて一般信徒がいる、というかたちとは無縁でした。

なぜなら彼らの信仰する阿弥陀如来《あみだにょらい》というのは絶対神で、そのもとではすべての人間は平等だからです。「偉い」人間、「高貴な」人間というのはそもそも存在しません。だから、親鸞は僧と俗人の区別をやめてしまいました。

僧というのは一般人に比べて戒律を守り（妻を娶《めと》らず肉も食べません）、それゆえに尊い存在なのですが、絶対平等の立場をとる親鸞はそんなものは認めません。僧でも肉食妻帯してもいいことにしました。そしてみずからを凡夫《ぼんぷ》とよび愚禿《ぐとく》と称しました。

つまり僧といえども、一般の信徒となんら変わりないという道を選んだのです。ちょうどキリスト教において、カトリックの神父が妻帯せず、聖職者という一つの階級を構成しているのに対し、プロテスタントの牧師は結婚し子をつくり、あくまで信徒の代表というかたちで神と接しているのに似ています。いままでこそ僧の肉食妻帯は当たり前ですが、当時としては革命的なやり方だったのです。

道元の行き方はこれとはまったく異なります。

道元は人間が修行（努力）によって、限りなく仏（絶対者）に近づけると考えました。いや仏そのものになれると考えたのです。それゆえ道元の思想は平等思想にはなりません。

親鸞のようにすべて凡夫と考えれば平等ですが、人間は凡夫ばかりでなく、修行によっては仏になれる人間もいることになります。そういう人間と凡夫は明らかに違います。

親鸞においては救いを求めるということは念仏することですが、道元においてはなにをおいてもまず出家すべしということになります。僧になって座禅をすることが唯一の道なのです。

唯一というのは、たとえば出家せずに家業に精を出し、ときどき座禅するというのではだめなのです。出家して悟《さと》りを開かなければいけません。はっきりいえば、ふつうの人には絶対無理なことです。地位も財産も名誉も妻子も捨てなければばなりません。しかも、もう一つおまけがあります。女性は絶対に成仏《じょうぶつ》できません。まあ失礼な！　と目くじらを立てられても困りますが。仏教はもともと女人《にょにん》に対して冷淡なので（詳しい理論的説明は省略します）、道元もこの路線を継いでいます。

さらに**両者の共通点をあげれば、葬礼というものを軽視したことです。**たとえば信者のだれかが亡くなって、葬式をやってもらおうと二人のところへ行きます。

供養《くよう》のためにお経を読んでくれといっても、二人ともやってはくれないでしょう。親鸞にとっては念仏とは供養のためにするものではないからです。それをとなえることによってなにか効果が期待できる呪文《じゅもん》でもありません。だから葬式というものはあんまり重んじませんし、そのために経を読むこともありません。道元はもっと極端で、座禅こそ唯一の成仏の手段であるとします。だから、一般人が死者のために経を読んでくれと頼んだら、とっとと帰れと追い返したかもしれません。

いまどきのお坊さんは「葬式の主宰者《しゅさい》」というイメージしかありませんが、なんという違いでしょう。

しかし、これでは大衆性はゼロです。葬式をしなければ一般信徒とのつながりは保てません。もちろん、下世話《げせわ》な話ですが、金銭的収入もありません。これでは教団などできるはずもないのです。

ところが、いまは両者を開祖とした大教団組織が実在するのです。

◇「宣伝」なくしては「教え」は伝わらない

これが「謎」だということがおわかりいただけたでしょうか。

当然、だれかが路線を変えたとしか考えようがありません。これは「大衆化路線」ということですが、これはある意味で宗祖の方針に反する行為です。われわれは、親鸞、道元の鎌倉新仏教が旧仏教にはない大衆性をもっていたため、ただちに爆発的に広まったと考えがちです。しかし、実際はそうではなく、その後継者が、教団には否定的な宗祖の意思を知りつつ、教義に新たな解釈を加えたため、はじめて大教団に発展したのです。

じつは、宗教とはそういうものなのです。現代の日本人の間には、一つの迷信があります。「思想でも事物でも、それがすぐれたものであるならば宣伝などしなくても、その真価は世に知られる」という考え方です。

一方、この対極にある考え方は、「宣伝しないということは存在しないということだ」という明言（？）でしょう。だれの言葉かは忘れましたが、たしか宣伝業界の関係者だったと思います。日本人全体からすれば、この言葉に反感をいだく人のほうが多いと思います。この反感の底にあるのは、お気づきでないかもしれませんが、広い意味での広報、宣伝を軽視ないしは軽蔑《けいべつ》する考え方です。

では、ほんとうのところはどうかといえば、「宣伝しないものは存在しない」のほうが正しいのです。日本人は先にも述べたように、こう思いたがらない傾向があるのですが、それは間違いであり、国際的にみてもこのことで大きな損をしています。

もっとも一方的にそうだと主張しても、納得《なっとく》しない向きもあるでしょう。ほんとうに「宣伝しないものは存在しない」のでしょうか、いわゆる世界の大宗教でもそうなのでしょうか？

じつは古代に発生した宗教（哲学）はすべてそうなのです。

検証してみましょう。そこでクイズを一つ。釈迦《しやか》、ソクラテス、イエス（キリスト）、孔子《こうし》の四人に共通するものはなんでしょうか。世界の四大聖人？　もちろん違います。もう少しわかりやすく問うならば、この四人が共通してやっていない行為はなにか、ということです。結婚？　それも違います。イエス以外は結婚の経験があります。もっと文化的な行為で、現代の知識人とよばれる人ならまず手をつける行為です。その行為を四人が四人ともやっていないのです。それはなにか？

焦《じ》らすのはやめてお答えしましょう。

本を書いていない（著述を残していない）ということなのです。

えっ、と耳を疑う人もいるかもしれませんが、これは事実です。

わかりやすい例からいうと、まずイエス・キリスト。彼は自分で本を書き、神の教えを伝えようとしたのではありません。ただ、人々にそれを説いたのです。その言葉を弟子たちが記録して文書にしたものが『聖書』（新約聖書）です。イエス自身が書いたのではありません。

釈迦もそうです。彼も自分の教えはこうだと、書物を書いたりはしませんでした。弟子たちがその言葉を後世に残したのです。彼の言葉を記録した書物とは、いわゆる「お経」ですが、お経の名にはしばしば「仏説」という言葉が冠せられています。仏説××経、つまり「仏（釈迦）の説きたまいし」××経という意味です。そして、その中身を見ると、書き出しは「如是我聞《にょぜがもん》」という言葉ではじまっていることが多くあります。「是《かく》の如《ごと》く我聞けり」「わたし（記述者）はこのように聞いている」という意味で、このあとに仏（釈迦）はどうした、こうした、という話がつづきます。つまり伝聞なのです。孔子も同じことです。

あの『論語』の書き出しを思い出してください。「子曰《しのたまわ》く」つまり「先生はこうおっしゃった」ということではないでしょうか。これも弟子たちの編集した記録なのです（かつて『春秋《しゅんじゅう》』や『孝経《こうきょう》』が孔子の著述ではないかとされたこともありましたが、現代の学者は否定的です）。

これらのすぐれた弟子が一生懸命に記録し宣伝しなければ、彼らの教えは後世まで残らなかったでしょう。――いや、それは教えの内容がすぐれていたからだ、弟子たちがいくらがんばっても、内容が悪ければどうしようもない、との反論があるかもしれません。しかし、それをいうなら、まず問題にしなければならないことがあります。弟子たちの伝えるように、彼ら教祖はほんとうにこんなことをいったのか、実説は正しく伝えられているのか、ということでしょう。親鸞と道元の教えに対しても同じ問いをしてみましょう。

彼らの教えは、現存の教団に正しく継承されているのでしょうか？

答えは一〇〇パーセント継承されているとはいえない、というべきです。ただし、それは教団側が悪意をもって教祖の教えを歪《ゆが》めたのではありません。むしろ教祖の説には欠陥があり、それを修正したと考えたほうが妥当です。ただ、教祖の不名誉になるので、その欠陥を声高《こわだか》に指摘しないだけのことです。その欠陥とは先にも述べた「教団というものを無視ないしは軽視する発想」です。

◇親鸞が教え、覚如が伝える

そもそも「すぐれた教えがそこにある」ことと「それを広める」ということは、まったく別のことです。

親鸞は「すぐれた教え」はもっていましたが、「広める」ための組織をつくろうとか方法論を開発しようという発想はまるでありませんでした（ちなみにイエスにも釈迦にも、自分の教団をつくろうという発想はありませんでした）。**だから、親鸞の教えは一時滅亡の危機に瀕《ひん》しました。**これはどんな学者も認める歴史的事実です。

これではいかん、とばかりに親鸞の弟子の覚如《かくにょ》は改革に乗り出しました。

まず教団の確立が先決だと考え、それまで親鸞の墓所という意味しかなかった大谷廟堂《おおたにびょうどう》（京都・東山区）を本願寺という寺院に昇格させたのです。教祖親鸞が生涯本拠の寺をもたなかったのとはじつに対照的です。もう一つ打った手というのがまさに破天荒《はてんこう》な手であり、本願寺を大教団に発展させる決め手となりました。

それは親鸞の真実の子孫（つまり覚如自身）だけが、親鸞の教えの正統な後継者であり、それゆえに権威があり尊く、最終的な解釈権も子孫のみに継承されるとしたのです。この意味がおわかりでしょうか？　これは一種の家元《いえもと》制度です。

親鸞の子孫だからといって、その教えを最も正しく理解しているとはかぎりませんし、それを財産のように独占できるはずもありません。剣術などと同じことです。それなのに覚如はそうしました。

そして特筆大書しなくてはいけないのは、そうすることによって民衆がついてきたということです。「寺はつくるな、わたしも同志の一人」と親鸞はいいました。ですが、そうしている間はこの教えはまったく流行《はや》りませんでした。家元という権威、寺院という組織を創設することによって、はじめてその基礎が築かれたのです。

ただし、本願寺が爆発的に発展し、隆盛をきわめるのは、戦国時代の蓮如《れんによ》が「講」というシステムで信者の組織化をはかり、「御文《おふみ》」という非常にわかりやすい宣教文書を使って以後のことですが、基礎を築いたのはあくまで覚如です。

ところで家元制度とはなにに由来するのかといえば、血統信仰であり、さかのぼれば結局天皇制に行き着きます。血統信仰の本家本元が天皇制なのです。ですが、そもそも仏教本来のあり方からみると国王も平民も立場は同じであり、親鸞の教えはそれをさらに徹底化したものですから、天皇制否定にならなければおかしいのです。

大谷廟堂　親鸞は鳥辺野で火葬にされ、のちこの地に移された

王というものはあくまで世俗の権威であり、絶対神である阿弥陀如来《あみだにょらい》の前にはすべて平等です。ところが覚如は、その天皇制を仏教の世界にもち込み、そのことによって教団大発展の基礎を築いたのです。まさに逆説的な手です。破天荒といったのはこの意味です。

日本では本質的には天皇制に相反する教えですから、「家元制度」を用いて権威化、組織化しなければ発展しなかったというわけです。

◇道元の教えは一度滅んだ?

さて、次は道元についてです。ここまでで皆さんは、道元の教えが広まったということにさらに大きな不思議を感じないでしょうか。

親鸞は教団をつくることを否定しましたが、その教えのなかにはもともと大衆性がありました。念仏をとなえるだけでよく、肉食妻帯も許され、女人も救済の対象となり、しかも教えは平明な言葉で説かれています。いわば、民衆の宗教という側面を最初から保持していました。

道元（宝慶寺蔵）

しかし、道元の教えにはこれが全部ありません。出家して厳しい修行を積まねばならず、女人は救済の対象にならず、教えは難解な言葉で語られ、さらにわかりにくいのです。

道元の主著『正法眼蔵《しょうぼうげんぞう》』は、難解なことではおそらく本邦随一でしょう。しかも、覚如が打った妙手、つまり「天皇制」の導入もできません。なぜならこの教えでは妻帯を許していないので、子孫が生まれません。道元も当然独身のまま死んでいます。「高貴な血筋」というものが宗門内に存在しないのです。

この、ないない尽くしのなかから、よくもまあ教団を発展させられたと思うのですが、そこはそれ、道元の後継者のなかに、本願寺の覚如《かくにょ》、蓮如《れんにょ》に匹敵する（あるいはそれ以上の）天才がいたのです。この天才によって曹洞宗というものがはじめて生まれたといってもいいくらいです。

道元自身は自分の教えを「曹洞宗」という言葉ではよびませんでした。おそらく自分の信仰が最も正しい教え（正法）だと信じていたから、ほかと区別する名は必要ないと考えたのでしょう。

しかし、これでは社会性はゼロです。あなたの宗派は？　いえ、名前はありません、では通用しません。名を考え、寺院を整備し、民衆をも参加できる組織をつくらなければ大宗派には発展しません。だから、**道元の教えは親鸞と同じく滅びかけました。いや、事実上滅んだのではないかとすら、私は思っています。**道元の研究は親鸞ほど進んでいないので、断言はできませんが、その反大衆性からみてもまず一度滅亡したのではないでしょうか。そして、それを復活させたのが先ほど述べた天才なのです。

　このいい方は独断にすぎるようですが、論拠らしきものはあります。もしも、あなたの家が曹洞宗の檀家《だんか》なら、こんど法事のときにでもお坊さんに聞いてみてください。「曹洞宗でいちばん偉いお坊さんはだれか?」と。答えは「道元」ではありません。いや、それでは不十分なのです。正解は、「道元と瑩山《けいざん》」です。それはいわゆる「中興の祖」ということなのか、とあなたはいうかもしれません。正確にいえば違います。たいていの宗教には中興の祖（途中で宗教を再び隆盛に導いた人）がいますが、この扱いはいかに功績があったといっても宗祖よりは下です。いちばん偉いのは宗祖（開祖）であって、本願寺でもこれは同じです。親鸞に比べれば、覚如も蓮如も一段格下になります。

ところが、**曹洞宗において道元と瑩山はまったく同格なのです。**称号も道元が「高祖」なのに対し、瑩山は「太祖」、両者とも「大師号」をもち、ご丁寧に大本山まで二つあります。ふつうは総本山が一つしかなくそこに宗祖が祭られているのですが、この宗派は永平寺と総持寺という二つの大本山があり、それぞれ高祖と太祖が祭られているのです。これは他に類をみない破格の扱いです。だから、私は道元の教えは一度滅んだのではないかと思うのです。そして、それを瑩山がゼロに近い状態から復興した、つまり実際上の開祖です。こう考えてこそ、この破格の扱いが理解できます。

では、瑩山はいったいどうやって曹洞宗を隆盛に導いたのでしょうか、一言でいえば民間信仰を大胆にとり入れたのです。

恐山円通寺《えんつう》（イタコ市）、茂林寺《もりん》（分福茶釜の寺）、可睡斎《かすいさい》（秋葉三尺坊）、妙厳寺《みょうげん》（豊川稲荷）――これらの民間信仰のメッカは、すべて曹洞宗の寺院です。正確な寺号よりもカッコ内の通称のほうが知られています。いずれも道元の教えにはないものですが、瑩山はこうした民間信仰をとり入れる道をはじめて開いたのです。さらに加持祈禱《かじきとう》（いわゆる「お祈り」「まじない」）をも教化のために利用しました。道元の教えをどうひっくり返しても、加持祈禱というのは出てこないはずですが、そこは「人を見て法を説け」という釈迦のひそみに倣《なら》ったのでしょう。

もちろん道元以来の厳しい修行体制も残します、その一方で葬式もし法事もするのです。女人の救済も請け負います。これによってようやく、曹洞宗は大発展したのです。

親鸞の教えも道元の教えも、あまりに非妥協《だきょう》的で純粋でありすぎました。譬《たと》えていえば、それはウイスキーの原酒のようなものです。老若男女だれもがひと息で飲めるというものではありません。しかし、これを水割りにして、十倍に薄めれば十人が飲むことができます。百倍に薄めれば百人が飲むことができるのです。覚如がそして瑩山がやったのはこういう作業です。

薄められたとはいえ、それは水ではなくあくまで水割りです。もともとのエキスは入っています。しかし、もとのものとまったく同じではありません。違うものでもありません。そういう作業を経なければ、どんなに価値あるものでも決して大きくはなれないものです。もし、この歴史から学ぶことがあるとすれば、それに尽きるといってもいいでしょう。

第三章のまとめ

・われわれは、親鸞、道元の鎌倉新仏教が旧仏教にはない大衆性をもっていたため、ただちに爆発的に広まったと考えがちです。しかし、実際はそうではなく、その後継者が、教団には否定的な宗祖の意思を知りつつ、教義に新たな解釈を加えたため、はじめて大教団に発展したのです。

・覚如は、親鸞の真実の子孫（つまり覚如自身）だけが、親鸞の教えの正統な後継者であり、それゆえに権威があり尊く、最終的な解釈権も子孫のみに継承されるとしたのです。これは一種の家元《いえもと》制度です。

・恐山円通寺《えんつうじ》（イタコ市）、茂林寺《もりんじ》（分福茶釜の寺）、可睡斎《かすいさい》（秋葉三尺坊）、妙厳《みょうげん》寺（豊川稲荷）――これらの民間信仰のメッカは、すべて曹洞宗の寺院です。いずれも道元の教えにはないものですが、瑩山はこうした民間信仰をとり入れる道をはじめて開いたのです。

第四章

軍師・山本勘助の実在否定の謎

◇勘助《かんすけ》は伝説上の人物か？

世の中には不運な人がいます。

立派な業績をあげてもなんとなく無視され忘れ去られ、あまつさえその存在すら否定され、抹殺《まっさつ》されてしまうような人、あなたも一人ぐらいは心当たりがあるかもしれません。

歴史上の人物にもこういう人がいます。もちろんその人物にはなんの責任もありません。ただ後世の、歴史を見る人の目が曇っているため、不当な扱いを受けるのです。

山本勘助（介）もその一人です。

日本の代表的歴史学者たちが執筆しているシリーズ「人物叢書」（吉川弘文館刊）のなかに『山本勘助』はありません。『武田信玄』（奥野高広著）はあります。それを見ると、勘助について次のような記述があります。

「勘助については弁護説もあるが、伝説の人物とみるべきである」

これが学界の定説でした。

近年「山本菅（勘）助」という名前が書かれた古文書（市河家文書）が発見されるまで、**学界では「山本勘助は歴史上実在しなかった」という態度を頑《かたく》なに守っていました。**その影響を受けて海音寺潮五郎氏は、上杉謙信を描いた小説『天と地と』に勘助を登場させませんでした。

新田次郎氏は登場させましたが、従来とは異なる新しい勘助像をつくり出しました。小説『武田信玄』のあと書きで新田氏は次のように述べています。

「私は武田信玄を書くに当たって、なるべく史料に忠実であることを願った。（中略）武田信玄があれだけの大事を為すに当たっては、必ず、情報機関を持っており、その中には優れた人間が数多くいたことはまちがいないから、そのかくれた人たちを代表して山本勘助を登場させたのである」

つまり「史料に忠実」であろうとすると勘助は書けなくなるのです（学界は勘助の実在を否定していました）。それゆえ情報機関の「代表」として勘助を登場させるという手段をとらざるをえなかった、ということなのです。

だから、あれは新田氏独自の勘助像です。

ここでお断りしておきますが、私も『信濃《しなの》戦雲録』という小説で勘助を登場させ、その小説では「軍師」として勘助を縦横無尽《じゅうおうむじん》に活躍させています。

しかし、ここでの勘助も私のつくった勘助像であり、これから書く実像（と私は信じています）とは異なるものです。

井沢某は小説で書いていることと、ここで書いていることが全然違うといわれても困るので、一言お断りしておきます。

小説はあくまでフィクションですが、これから書くのは「史料に忠実」（？）な勘助です。

◇江戸時代の軍学書が軍師の鑑にした

前置きが長くて恐縮ですが、では近代以前の勘助像、近代史学によって抹殺された勘助像とはいったいどんなものなのでしょうか？

戦前の教育を受けられた方には説明する必要もありません。北信濃（長野県北部）の支配権をめぐって激突する武田信玄と上杉謙信、世にいう川中島の合戦で武田側の作戦を立案したのが「軍師」山本勘助です。今日の言葉でいえば作戦参謀であり、信玄の有力なブレーンでもあります。歴史というよりむしろ講談のヒーローかもしれません。

片目で満足に歩行できないというハンディキャップを背負う身でありながら、軍略の天才でありました。しかし、川中島の合戦では立案した「キツツキの戦法」を謙信に見破られ、自責の念から壮烈な戦死を遂げる悲劇のヒーローでもあります。

さて、このような魅力に満ちた勘助像を伝えるのは、『甲陽軍鑑《こうようぐんかん》』という戦国末期から江戸時代初期にかけて成立した書物です。

この書物は、信玄、勝頼《かつより》の二代にわたっての武田家の事績を記したものです。政治、経済の記事もありますが、多くは戦争の記録であり、その名も「軍鑑」（軍法の鑑《かがみ》）とあるように、軍学の教科書として後代神聖視されることになります。

著者は（『軍鑑』の記述をそのまま信じるならば）信玄の重臣であった高坂弾正《こうさかだんじょう》（春日源五郎）であり、その甥《おい》の春日惣二郎があとを書き継いで完成させたことになっています。

この『甲陽軍鑑』は江戸時代を通じてのベストセラーでありました。武士の必読書であり、数多くの演劇、講談、小説のネタ本ともなっていました。幕末の大ベストセラー、頼山陽《らいさんよう》の『日本外史』も川中島合戦の部分はこれによっているのです。

なぜ、そんなに読まれたのでしょうか。

内容がおもしろいということもありますが、江戸時代に盛んに行なわれた軍学が、この書物を根本テキストとしたからです。

では、江戸時代に発生した軍学とはなんでしょうか?

私はまったくの初心者にそれを説明するのに、よく「着物の着付け教室のようなものですよ」といいます。怪訝《けげん》な顔をする人もいますが、それはつまりこういうことです。

戦前、そのようなものはどこにもありませんでした。それは日本人にとって着物（和服）を着るということは、三度の食事をとるのと同じことで、だれもができたし、わからないことがあれば家のなかにいくらでも教えてくれる人がいまし

山本勘助(恵林寺·信玄公宝物館蔵)

た。母や叔母や祖母がいたのです。ただで教えてくれる人が身近にいるのですから、お金を払って習おうとする人などいるわけがありません。

ところが、戦後は、着物自体が日本人の生活と疎遠《そえん》になり核家族化も進んで、日本人全体の「着付け」に対する技量が落ちました。そこではじめて「着付け技量」が商売になる状況となり、「装道」などという言葉も使われるようになったのです。

軍学もまさにこれと同じことです。武士というのはあくまで職業軍人であり、有事の際は戦争に行かねばなりません。当然、上は大名から下は五十石程度の武士まで、戦争のやり方を知っておかねばならないのです。

戦国時代は、そんなことをいちいち習いに行く必要はありませんでした。毎日が実戦であり、周囲には戦争のベテランがいくらでもいたからです。ところが平和になってしまい、そういうベテランが世の中からいなくなると、どうやって戦争のやり方を知ればいいのでしょうか。

ここで時代の要求を見抜いた頭のいい男が登場します。小幡勘兵衛景憲《おばたかんべえかげのり》という武田武士の血を引く男です。この小幡景憲こそ軍学の祖なのです。彼は『甲陽軍鑑』をテキストに採用し、甲州流軍学というものをはじめました。のち徳川家に仕え旗本《はたもと》となった彼の弟子には、北条新蔵（北条流軍学の祖）や山鹿素行《やまがそこう》（山鹿流軍学の祖）がいます。

また彼とは別系統で、越後《えちご》流あり、楠木《くすのき》流ありで、軍学は大盛行の世を迎えました。**なにしろ大名だって、建て前上は幕府に仕える地方軍団の指揮官です。もし幕府から動員令があれば出撃しなければなりません。戦争のやり方なんて知りません、では通らないのです。**そこで軍学はどこの藩でも熱心に研究されました。

では、この軍学、ほんとうに役に立つものなのでしょうか？　ほんとうのことをいってしまうと、身も蓋《ふた》もありませんが、じつはこれは全部インチキなのです。

着物の着付け教室と軍学教室（？）との間には、非常に大きな違いが一つあるのですが、おわかりでしょうか。

「着付け」はその成果を自分の目で確認することができます。ところが「軍学」はほんとうの戦争がないと、その有用性を確認することができません。**つまり平**

和な時代だと、インチキであってもばれないのです。日本の軍学はついに実戦に一度も使われることなく終わりました。

幕末の勤王の志士吉田松陰《しょういん》は長州藩の山鹿流軍学師範なのですが、黒船相手にそんな軍学が通用しないことを悟《さと》って西洋流の兵学を学んでいます。

彼はそれをついに実践する機会はありませんでしたが、彼の弟子高杉晋作《しんさく》は奇《き》兵隊《へいたい》を創立するなど西洋流でやっています。もちろん薩摩《さつま》藩もそうしました。

このまさに「机上の空論」「畳の上の水練」ともいうべき軍学の世界で、山本勘助は「神」にまつり上げられました。軍師の鑑、軍法の権化《ごんげ》として扱われたのです。

◇勘助の不幸のはじまり

ところで、最も肝心なことなのですが、勘助はほんとうに「武田家軍師」だったのでしょうか?

あらためて『甲陽軍鑑《こうようぐんかん》』に目を通すと、勘助のポストはあくまで足軽《あしがる》隊将（大将）であり、軍師ではないことに気づきます。ただし、ふつうの足軽隊将と異なり、戦略上のことにつき何度か信玄の諮問《しもん》を受けています。信玄と勘助の問答が独立した一章をなしていることもあります。

つまり正式な軍師ではありませんが、軍師的地位にあった人間であるということはいえるでしょう。また築城（城の設計）については一流中の一流の才をもっていたようです（築城法も軍学の重要な課目の一つです）。

いったい、日本の戦国時代に中国の『三国志』における諸葛孔明《しょかつこうめい》のような軍師がいたのか、といえば、ほとんどいなかったでしょう。

しかし、最もそれらしい者をあげるならば、のちの項で述べる豊臣秀吉の家臣竹中半兵衛《たけなかはんべえ》と黒田官兵衛《くろだかんべえ》（如水《じょすい》）ということになりますが、徳川時代に敵対した豊臣流軍学の看板をあげることはタブーです。そこで武田家の山本勘助が本邦軍師の代表ということにされました。軍学者たちが積極的に喧伝《けんでん》したのです。

軍学も剣術などと同じように、伝書（免許状）といったものがあるのですが、そこにはかならず系図がついています。流祖からの系譜です。甲州流には山本勘助の名が麗々しく書きとめられています。甲州流はのちに勘助流とよばれるほどでありました。

これが、勘助の不幸のはじまりでした。江戸時代はよかったのです。軍師の鑑として神格化されたのですから。

ところが、明治になって近代史学が西洋から移入されると、まず軍学のインチキ性が暴露され、その影響で『甲陽軍鑑』ひいては山本勘助自体が、うさんくさい目で見られるようになったのです。ペテン師が崇《あが》めている書物や人物など、信用できないというわけです。

その先鞭《せんべん》を切ったのが、明治の史学界の大物、東京帝大教授田中義成博士です。その論文「甲陽軍鑑考」こそ、『甲陽軍鑑』の内容に疑問を投げかけ、勘助の実在を否定する端緒となりました。

その論文で田中博士は、まず『甲陽軍鑑』に史実と異なる記述、合戦などの記事の年月などの誤謬《ごびゅう》を指摘しました。そして、そのうえでこの書物は、⑴高坂弾《こうさかだん》正《じょう》自筆の記録、⑵山本勘助の息子の僧の遺記、⑶武田の遺臣からの聞書《ききがき》等々を小幡景憲《おばたかげのり》が編集し、全体を高坂弾正著に見せかけたものである、という説を主張したのです。これは以後の学界に非常に甚大《じんだい》な影響を残した説なので、よく心に

海津城（松代城）跡（長野県·長野市）
この城も勘助の築城になるといわれる

とめておいてください。

このうち(2)の勘助の息子の僧云々《うんぬん》ですが、それは『武功雑記《ぶこうざつき》』に次のような記載があるのを根拠としています。

「勘助子関山《かんざん》派の僧にて学問ちと有しが、甲州信州の間にて信玄の事など覚書して置たる反古《ほご》などを取りあつめ、吾《わが》親の勘助ことを結構につくりかきたるなり。是《これ》を高坂弾正が作といつはりて書きたるなり」

その大意は、勘助の子で妙心寺派の僧になった者がいましたが、この僧、ちょっと学問があるのをいいことに甲州、信州などで古文書を集め、自分の親の勘助のことを大活躍させた本を書きました。そして、それを高坂弾正作と偽《いつわ》りました(それが『甲陽軍鑑』の原書です)。

また同じ書に次のような記述もあります。

「川中島合戦の時、山県《やまがた》(昌景《まさかげ》＝信玄配下の武将)より勘助を斥候《せっこう》につかわし、帰りて山県にものいう体《てい》を信玄御覧じ、あれは何者ぞとありしに、あれは山本勘助とて、三河の者なり。口才《こうさい》(弁舌の才)なるものとて山県扶持《ふち》しおきたり」

ここでは勘助はちょっとばかり弁の立つ使い走り、それも信玄の直属の部下でなく、その臣山県昌景の家来にすぎません。軍法の神様からずいぶんと下落したものです。

◇近代史学の名において抹殺《まっさつ》された

田中博士はこの『武功雑記』の記述を信頼できるものとし、『甲陽軍鑑』は偽書であり、そこで大活躍する「軍師」の山本勘助は、山県の部下にすぎない軽輩《けいはい》の士であると断じました。

そして、この田中説は踏襲され、拡大誇張されました。この論文では勘助を軽輩の士としてはいますが、その実在までを否定してはいません。しかし、田中博士の弟子たちは、山本勘助が信頼できる同時代の古文書に登場しないという理由で、勘助非存在説を強く打ち出すようになりました。『甲陽軍鑑』は偽書だから、勘助の存在証明にはならないということなのです。ひどい話で、江戸時代の軍法の神様は、こうして近代史学の名において抹殺されたのです。

だが、私はあえていいます。これは絶対におかしいのです。読者の皆さんはお気づきでしょうが、田中説の最大の根拠になっているのが、『武功雑記』の記述です。『甲陽軍鑑』が信頼できないというのも、勘助が軽輩だというのも、すべて『武功雑記』が拠《よ》りどころとなっています。

『武功雑記』は元禄期（一六八八～一七〇三）の肥前《ひぜん》（長崎県）平戸の大名松浦《まつら》鎮《しげ》信《のぶ》が編集させたものです（そうでないという意見もありますが私はそれはとりません）。だから、**その内容は（大名の手になるものだから）信用できる、というのが史学者の見解のようです。だが場合によっては大名でもうそをつくことがあります。そして、その心理を追究していくことによって、うそか真実かを判別することもできるのです。**

まず注意していただきたいのは、松浦鎮信は山鹿《やまが》流軍学の祖、山鹿素行《そこう》のパトロンで、その熱心な信奉者であったという事実です。山鹿流は前に述べたように、甲州流から分かれました。

さて、剣術であろうが茶道であろうが生け花であろうが、新しい流派をつくるということはどういうことなのか、ちょっと想像していただきたいのです。それは旧流（？）に対する不満から起こります。自分のほうがすぐれている、これま

山鹿素行（赤穂市立歴史博物館蔵）

でのやり方にあきたらない、そんなときに人は古い流派を飛び出して新しい流派をつくります。**つまり新流を立てるということは、形はどうであれ旧流の否定なのです。**

もっとも新流派の流祖は、心のなかでは旧流を否定していても、あまり口に出したりはしません。なぜなら、かつては旧流の弟子だったからです。飛び出したからといって、その恩義を忘れて悪口をいいまくっていては、日本では人徳のないやつとけなされることになります。しかし、その弟子の代になると、もはや遠慮がありません。自分の流派がすぐれているとの確信がありますから、遠慮なく旧流、他流の悪口をいいます。松浦鎮信はこの立場にいるのです。

そこで先ほどの記述を見なおしていただきたいのです。

たとえば「勘助子——学問ちと有しが」とか「反古など取りあつめ」とか、「結構につくりかきたるなり」とか、この語調は悪口以外のなにものでもありません。結局これは勘助と『甲陽軍鑑』の価値をおとしめることによって「甲州流はたいしたことはない」といっているのであります。こんなものは、いくら大名の編集だからといって、信用できるものではありません。一歩譲っていくらかの真実があるにしても、悪意で誇張されていることは間違いないのです。

　そして最も注目すべきは、それだけの悪意が底にあると思われるのに、勘助の実在自体は否定していない、ということです。もし、勘助の実在に少しでも疑いがあったなら、勘助などいなかった、とはっきり書いたにちがいないからです。**皮肉なことに、これは勘助の実在を逆に証明しているとすらいえるのです。**したがって、この『武功雑記』を根拠とした勘助非存在説は成立しません。少なくとも私はそう考えます。

　そして先程述べたように、武田晴信《はるのぶ》（信玄）から北信濃《しなの》の武将市河藤若に送られた手紙のなかに、「なお山本菅助（勘助）口上有るべく候」という一節が見つかりました。手紙には機密事項は書けません。敵の手に奪われる可能性もあるからです。大事なことは、口頭で述べるのです。この一節はそのことをいっています。「詳しくは（使者の）勘助が口頭で述べる」ということです。

　この文書が出現した以上、勘助が信玄の使者を務められるほどの重臣（主君に代わって伝言を述べるのですから、たんなる使い走りではありえません）であったことは証明されたといえます。

ところが実に不思議なことに、歴史学界ではこの決定的な証拠が出た後も随分長い間、勘助非存在の説を有力視していました。

こうなるともうミステリーで、どうしてそうだったのか私にはまったく理解できません。こういう態度を頑迷固陋《がんめいころう》というのでしょうか、若い研究者の偏見にとらわれない探求を祈るばかりです。

第四章のまとめ

・「史料に忠実」であろうとすると勘助は書けなくなるのです（学界は勘助の実在を否定していました）。
・「軍学」はほんとうの戦争がないと、その有用性を確認することができません。つまり平和な時代だと、インチキであってもばれないのです。日本の軍学はついに実戦に一度も使われることなく終わりました。
・勘助は、正式な軍師ではありませんが、軍師的地位にあった人間であるということはいえるでしょう。また築城（城の設計）については一流中の一流の才をもっていたようです（築城法も軍学の重要な課目の一つです）。
・最も注目すべきは、『武功雑記』は悪意が底にあると思われるのに、勘助の実在自体は否定していない、ということです。もし、勘助の実在に少しでも疑いがあったなら、勘助などいなかった、とはっきり書いたにちがいないからです。そういう常識的判断が出来ないのが、今の日本の歴史学なのです。

第五章

武田信玄の謎に包まれた上洛ルート

◇仮想する二つのルート

生涯の過半を戦陣に置き、小国甲斐《かい》（山梨県）の領主から戦国最強の大名となった武田信玄が、天下制覇《せいは》の野望に燃え最後の征途についたのは元亀三年（一五七二）十月三日。初冬の冷気が流れはじめるころでした。甲府の躑躅《つつじ》ヶ崎《さき》館を発した甲州軍団の総勢は、秋山信友《のぶとも》に授けた別働隊の五千の兵、そして信玄自身が率いる本隊が二万の計二万五千。

この威風堂々の陣営を整えた征途は、世に「信玄の上洛《じょうらく》戦」とよばれています。

かつて私は小説『信濃《しなの》戦雲録』『覇者』で、天下の夢をいだき、上洛して行く信玄を描きました。ただ、そのころから頭のすみには、あのとき信玄は心底から上洛を考えていたのかどうかとの疑念もありました。

たしかに『甲陽軍鑑《こうようぐんかん》』によれば信玄は、いまわの際《きわ》に、自分の死を三年間秘すこととともに、山県昌景《やまがたまさかげ》を枕頭《ちんとう》におよび「明日はその方、旗を京の瀬田《せた》にたて候へ」との遺言を残しています。それで、私が名づけた「逆算の論理」という理由づけによって、信玄は上洛を企図していたとされてきました。しかし、誇張や修飾が多いといわれている同書に記された遺言だけで、信玄の最後の征途を、そのまま上洛に結びつけるのは短絡的《たんらくてき》にすぎるのではないでしょうか。

ほんとうのところはどうだったのでしょうか。仮想する二通りの「信玄の上洛ルート」に検討を加えながら、なぜ信玄が仮想ルートを進まず、史実にあるルートを進んだのかを推理してみましょう。

仮想ルート(1)〔134ページ〕は、本隊は富士川に沿うかたちで駿府《すんぷ》（静岡市）に下り、そこから東海道を西上し、別働隊が飯田から天竜川に沿って南下し、二俣《ふたまた》城を攻めるルートです。このルートなら、行軍距離も短縮され、新たな領国駿府から遠江《とおとうみ》（静岡県）にかけて東海道を粛々《しゅくしゅく》と西進すれば、武田の武威を示すこともできるというわけです。

仮想ルート(2)〔135ページ〕は、本隊が飯田から東美濃《みの》（岐阜県東部）の要鎮岩村城を奪取し、濃尾《のうび》平野に出て信長との野外決戦を試み、別働隊は根羽と飯田で二手に分かれて三河《みかわ》（愛知県）東部と遠江に侵入するという東美濃直撃ルートです。

甲州軍団は百戦錬磨の軍団ではありますが、信長の軍のように傭兵《ようへい》集団ではありません。合戦がないときは農作業に従事する農兵集団です。それだけに東美濃直撃ルートをとれば短期決戦が期待できるというように、二通りの仮想ルートには、いちおうの説得力があります。

だが、信玄は、これらのルートをとらず、高遠《たかとお》城から天竜川沿いに南下し、険《けん》阻《そ》な青崩《あおくずれ》峠を越えて浜松に出るルートを選んでいます。

では、なぜ信玄は現在でもたびたび落石があり、危険このうえない山道に大軍をおし進めたのでしょうか。

◇家康軍を分断させた行軍戦略

信玄が仮想ルートを選択しなかったことでまずクローズアップされるのは、徳川家康がのちのちまで敬服したほどの信玄の兵法軍略の才です。

当時、家康の兵力は信玄の四分の一にも満たないものでした。だから撃破はできる、といって駿府から東海道を西進すれば、家康軍は家康方の要衝高天神城《たかてんじん》と家康の主城浜松城さらに岡崎城にかけて防衛ラインをつくります。

それを突破して行くには、自軍に相当な犠牲が出ることも覚悟しなければなりません。これは信玄の軍略家としての誇りも許さない無策というしかありません。

そこで信玄は意表を衝《つ》いて青崩峠から山道を犬居城《いぬい》に向かい、遠江《とおとうみ》に侵入して二俣城を攻撃する策をとったのでしょう。二俣城は家康の遠江北部の頼みであり、東の高天神城と浜松城の中間に位置しています。信玄は、そこをおさえることで、家康軍を分断したのです。

二俣城を落としたあと、信玄はいったん西進するかまえを見せてから、急遽秋《きゅうきょ》葉街道を南下し、家康の立て籠もる浜松城に近づき、再び進路を西にとり、三方《みかた》ヶ原《はら》に出て休憩をとっています。挑発です。籠城《ろうじょう》した敵を討つには野戦の何倍もの戦力を消耗します。そこで信玄は、家康をおびき出す作戦に出たのです。

「信玄に浜松を素通りされては、自分の威信は地に落ちる」と、家康が信玄の手に乗って、三方ヶ原で惨敗、ほうほうの体《てい》で浜松城に逃げ帰ったのは周知のとお

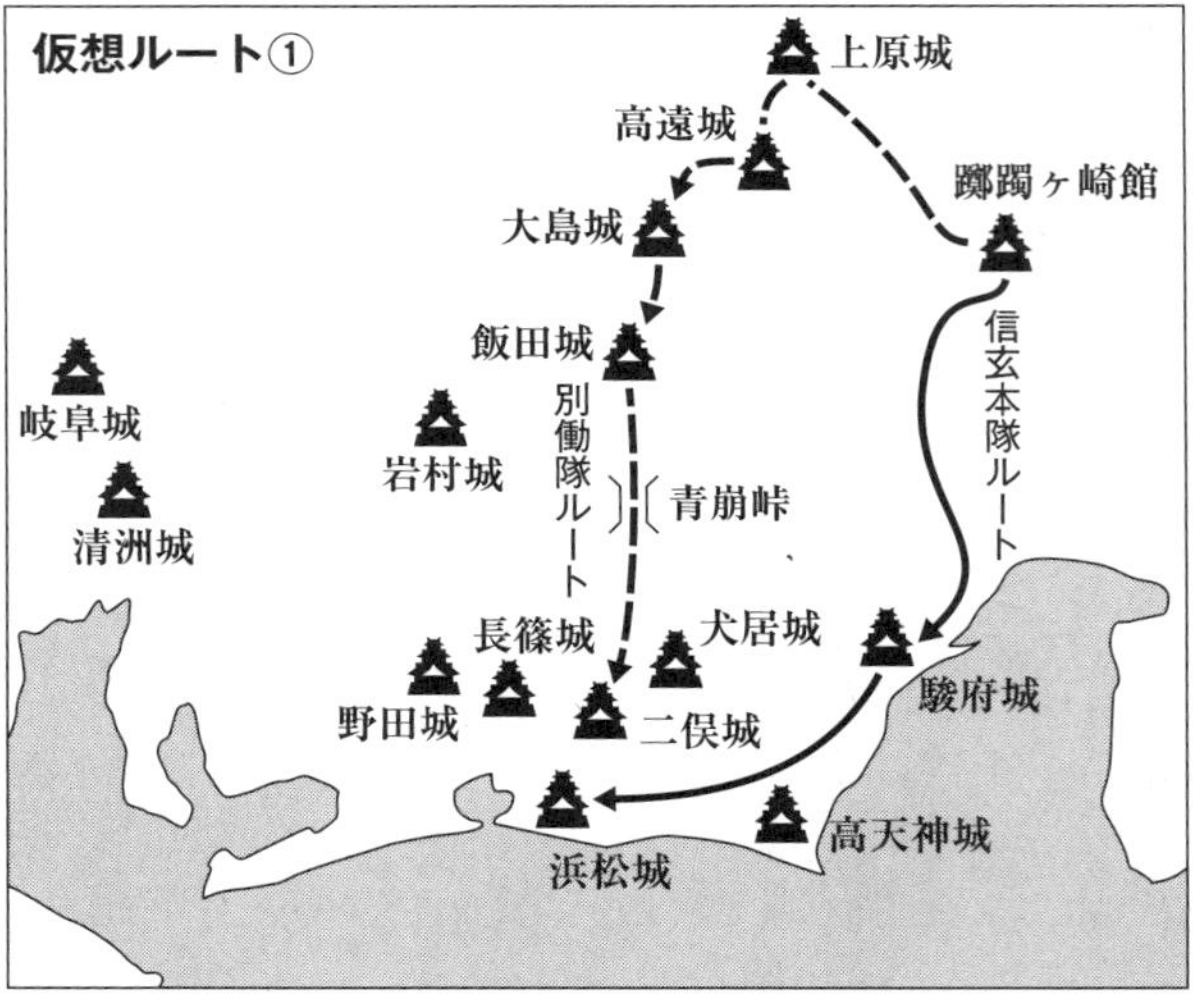

りです。

次に仮想ルート(2)の場合は、信玄の軍略思想の点で実現には無理があったものと思われます。

甲州軍団の、「風林火山」の旗印からは、文字どおり疾風怒濤《しっぷうどとう》の侵略、戦いぶりを想起しますが、実際の信玄の戦略は、甲斐《かい》（山梨県）を固めて信濃《しなの》（長野県）を攻め、信濃から上野《こうずけ》（群馬県）をうかがっていることからも推測できるように、きわめてオーソドックスです。

信長が、近江《おうみ》（滋賀県）の浅井《あざい》長政《ながまさ》に妹を嫁がせて通行権を確保

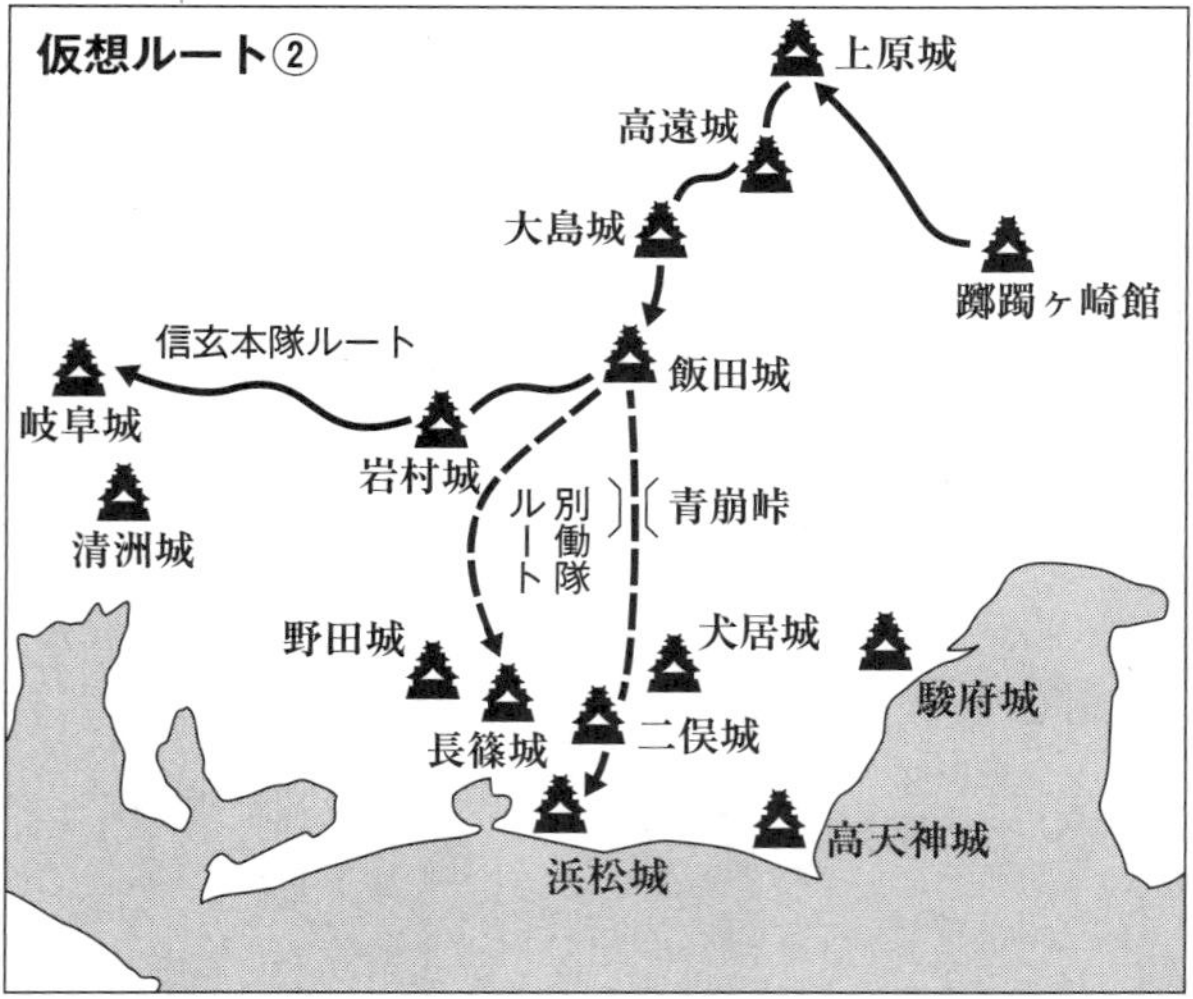

し、南近江は武力で道を開かせるなど戦法はさまざまでも、尾張《おわり》（愛知県）から京までの上洛ルートを直線的に構築したのとは対照的に、信玄は陣取り合戦の要領で領国を拡大しています。

領国と領国をつなぎながらの進攻を鉄則にする信玄が、一足飛びに東美濃《みの》に攻め入り、信長を討って上洛することは考えられません。それに、東美濃直撃ルートでは、遠江と三河《みかわ》を領している家康を背後に置くかたちになり、信長と家康に挟撃される恐れが残ります。これも上策ではないと信玄は

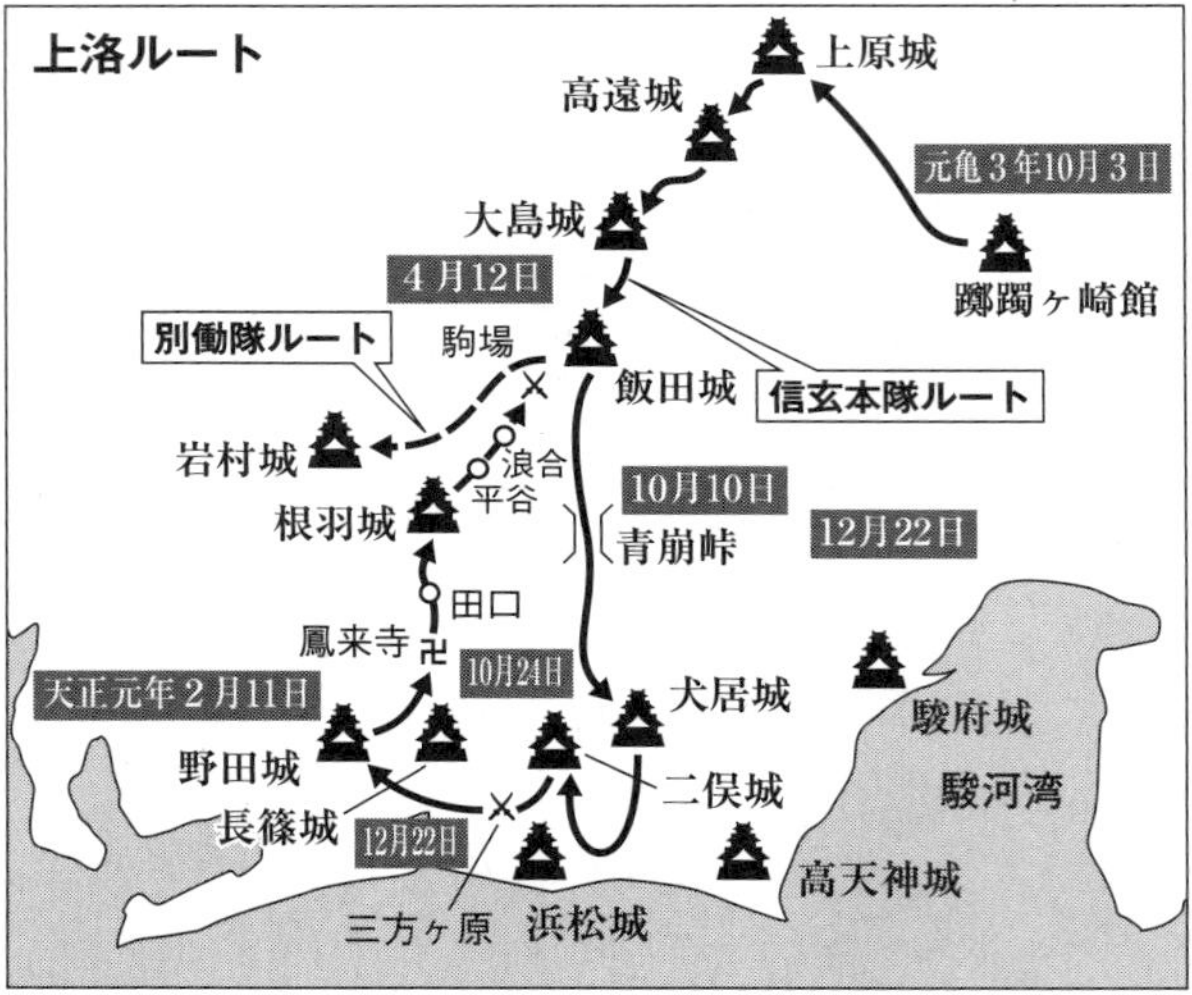

判断したにちがいありません。

◇遠江、尾張を突き、そして上洛

このようにみてくると、信玄が実際に軍を進めたルートには、〝信玄上洛〟のねらいが垣間《かいま》見えるような気もしてきます。

信玄が意を決して上洛の途についたのは五十二歳のときです。

それまでに信玄は、宿敵上杉謙信と五度に及ぶ死闘を繰り返しながら、本国甲斐と信濃を拠点にして西上野《こうずけ》、東美濃、駿河《するが》（静岡県）へ勢力圏を広げていました。もはや関東の巨大勢力です。彼の矛先《ほこさき》が天下に向けられるのは時間の問題という状況であり、信玄がそれを意識したとしても不思議ではありません。

問題は、元亀三年（一五七二）の征途で一気に上洛する構想があったのかどうかです。

信玄の上洛ルート、先に述べた領国の順次拡大戦略、当時の状況を冷静に眺めて判断すると、元亀三年の段階では、とりあえず家康をたたき、遠江をおさえることに主眼を置いた征途であったように思えてなりません。

信玄は、信長包囲網をしいていました。信長も謙信に近づき、信玄牽制《けんせい》をねらっていましたが、その謙信に対して信玄は、本願寺を通じての一向一揆《いっこういっき》、相甲同盟を結んだ相模《さがみ》（神奈川県）の北条氏政《うじまさ》を当たらせています。

そして信長に対しては、越前《えちぜん》（福井県）の朝倉義景《よしかげ》、近江の浅井長政と結び、伊勢《いせ》（三重県）の北畠具教《きたばたけとものり》、石山本願寺、延暦《えんりやく》寺の僧兵、大和《やまと》（奈良県）の松永久秀《ひさひで》とも信長攻撃の約を交わしていました。

この信長包囲網構築の動きを見るかぎり、信玄は、自分の野望の前に立ちはだかる障害は、すでに京をおさえていた織田信長ただ一人とみて、いつの日か信長を討ち取る意識を固めていたことは間違いありません。

信玄が遠江の侵略に向かったのも、同地が信長の金城湯池《きんじょうとうち》（守りが堅固で容易に攻め落とすことのできない城）ともいえる財力豊かな尾張《おわり》（愛知県）の防壁となっていたからとも考えられます。

まず遠江の防壁を崩し、近江で浅井・朝倉連合軍と戦っている信長を背後から突けば、信長を討つ可能性は十分にあります。ともかく家康が敗北した三方ヶ原の戦いでも、信長は三千の援兵を送る余裕しかありませんでした。

いま、信長の戦線は際限なく広がり戦力は低下している。だから、遠江をおさえ、尾張を切り取ったのちに、間を置いて上洛する、というのが老練な軍略家の描いていたシナリオだったのではないでしょうか。つまり二段階論です。そう考えられるのは、信玄には信長を討ったのち上洛するために、伊勢あるいは近江を通るにしても、信長のように上洛ルート確保の工作を行なった形跡がまったくないからです。

ところで、三方ヶ原で家康を破ったのちに、領国を順次拡大する戦略をとる信

武田晴信像（高野山持明院蔵）

玄が、そのまま浜松城を攻めず、西進しようとした行動が腑《ふ》に落ちない読者もいるかもしれません。

信玄に、それまでの一貫した侵略の方途を変更させたのは、おそらく彼を襲った死の予感でしょう。信玄は三年あるいは五年をかけて上洛、天下制覇《せいは》をもくろんでいたのではないでしょうか。その最初のステップが家康の討滅でした。家康を討てば信長包囲網は格段に強化されます。**その構想を実現させるには時間がないと、信玄は最後の征戦の途中で感じたにちがいありません。**

信玄の病については、側室の諏訪《すわ》御料人が結核で死んでいること、侍医の御宿監物《けんもつ》の書状に「肺肝に苦しむ」との記述があることから、肺病との説もあります。ですが、新田次郎氏は、胃がんの説をとられています。『熊谷《くまがい》家伝記』には、信玄の病気を「膈《かく》という病の由《よし》風聞す」と記されてあり、私も胃がん説を信じています。膈は胃がんの昔の呼称です。

いずれにせよ信玄の病状は、三方ヶ原の戦いの直後に悪化しています。信長軍を牽制しているはずの朝倉義景が、突然越前に引き揚げてしまったことが、信玄の落胆につながり、病状をさらに悪くしたともいわれています。ですが、冬になれば本国が雪に閉ざされるため、朝倉にも出張《でば》っていられない事情もありました。となると、信玄が病に倒れ、志半ばに甲府への帰途、駒場《こまんば》で五十三歳の生涯を閉じたことも、また命運といわざるをえません。

死は天才的な軍略家の計算には入っていなかったのです。

第五章のまとめ

・信玄の上洛ルート、領国の順次拡大戦略、当時の状況を冷静に眺めて判断すると、元亀三年の段階では、とりあえず家康をたたき、遠江をおさえることに主眼を置いた征途であったように思えてなりません。

・信長包囲網構築の動きを見るかぎり、信玄は、自分の野望の前に立ちはだかる障害は、すでに京をおさえていた織田信長ただ一人とみて、いつの日か信長を討ち取る意識を固めていたことは間違いありません。

・信玄に、それまでの一貫した侵略の方途を変更させたのは、おそらく彼を襲った死の予感でしょう。信玄は三年あるいは五年をかけて上洛、天下制覇《せいは》をもくろんでいたのではないでしょうか。

第六章

織田信長はそのとき なにを見たか

◇岐阜城で信長はなにを考えたのか

久しぶりに信長の城を訪ねました。

織田信長は、日本の近世を切り開いた名将であり、日本史上最高の政治家の一人でもあります。

その信長は生涯にみずから三つの城を築いています。

もちろん、部下の部将に築かせた城はもっと多くあります。小さいものを含めれば百を超えるかもしれません。

しかし、信長がみずからの居城として金も出すが口も出した城というのは、片方の手で数えられるほどしかありません。

へそ曲がりは、城を築いたのは信長ではなく大工だ、というかもしれませんが、信長の居城には、明らかに信長の好みが強烈に反映しています。信長以前にはなく、以後にもまずないような、ユニークな個性あふれる城なのです。

信長の居城は、年代順にいうと、那古野《なごや》城、清洲《きよす》城、小牧山《こまきやま》城、岐阜城、安土《あづち》城の五つです。

このうち那古野城は生まれた城であり、清洲城は奪った城です。だから信長がほんとうにゼロから自分の好みでつくった城というのは小牧山、岐阜、安土の三つということになります。

じつはこのほかにも、もう一つあります。

いわば信長の幻《まぼろし》の居城です。

それはどこにあるのか――それはあとのお楽しみということにして、話を三つの城に戻しましょう。

この三つの城は、いずれもいまはなにも残っていません。

このうち小牧山は、さして重要ではありません。那古野、清洲、小牧山の三城は昔の尾張《おわり》、現在の愛知県にあります。

この尾張の国にいるときは、信長は全国各地にいる大名の一人にすぎませんでした。**美濃《みの》国（岐阜県）を奪い、二つの国の領主となったとき、はじめて天下をねらう覇者《はしゃ》としての名乗りを上げたのです。**

そのことは岐阜という地名に示されています。

岐阜と名づけたのは信長です。それまで岐阜は「井ノ口」といい、城のある山は「稲葉山《いなばやま》」といいました。それを信長が、中国の周《しゅう》王朝の始祖が岐山というところから起こり天下を統一したという故事にもとづいて、岐阜と改めたのです。「阜」は丘《おか》という意味ですから岐山と同じ意味です。

すなわち、信長はこの改名によって、自分が天下を取る意思があることを、世間に公言したのです。

だから、岐阜城や安土城は、天下を目ざす信長の野望の具体的なかたちとしてみなくてはならないのです。

岐阜城は山の上にあります。

丘ではなく山です。本気でのぼろうとすれば、一時間ほど汗をかかねばなりません。頂上まではロープウエーがあるくらいです。山が高くなければロープウエーなど設置できません。

その山を、自分の足ではなく、軟弱にもロープウエーでのぼってみました。

この山頂にある復興天守閣からの眺めは絶品です。おそらく日本国じゅうの城のなかで、ここからの眺めが最高でしょう。高い山の上の城というならほかにも

信長誕生の那古野城跡（名古屋・中区）　名古屋城二の丸にある

ありますが、ここから見る濃尾平野と、蛇行《だこう》する長良川《ながら》の姿はひときわ美しく、変化に富む眺めなのです。

しかし、まさに天下を一望におさめる城であることが、同時に弱点でもあります。

高すぎるのです。平地から、麓《ふもと》の町から、あまりにも離れた場所にこの城はあります。要塞《ようさい》としてはすぐれているかもしれません。

ですが、あの楽市《らくいち》・楽座《らくざ》という革命的な政策を実施し、戦国大名のなかでは最も経済というものに明るかった信長の城としては、あまりにも軍事的な要素が強すぎるのです。

城とは要塞であり、軍事的にすぐれていればそれでいいのだ、と考える人もいるかもしれませんが、信長はむしろ軍事より経済を重視したといっても過言ではない人物です。

現に、戦国大名のなかで最も精強とされた武田軍も、鉄砲の大量使用という信長の戦略に敗れています。

鉄砲の大量使用などということは、経済力の裏づけがなくてはありえないこと

金華山（旧稲葉山）山頂付近に建つ岐阜城

岐阜城天守閣からの眺望

です。その信長が、岐阜から近江《おうみ》（滋賀県）の安土に移りました。

この城も山の上にあります。

しかし、岐阜城と違ってロープウエーでのぼるほどの山ではありません。むしろ小高い丘ぐらいのものです。

現に、ふだん不摂生《ふせっせい》を重ねている私の足でも、三十分ばかりでのぼれました。

信長がここに城を築いたのは、なにもほかに高い山がなかったからではありません。

城が軍事要塞としての要素が弱くなり、むしろ経済の中心としての政庁という要素が大きくなったためです。

信長の城ははじめ平地にありました（那古野、清洲）、次に高い山にのぼり（小牧山、岐阜）、そして少し下りてきました（安土）。

信長は惜しくもこの城を築いたあと、本能寺の変で死んでしまいますが、もしさらに生きて天下を完全に統一したら、どうしていたでしょうか？

岐阜から安土に移転したように、かならず安土から移転していたでしょう。安土はやはり日本の中心ではありません。山にせよ丘にせよ、高いところに城を築

安土城天主台跡（滋賀県・安土城）
信長の「天下布武」はこの城に象徴された

く時代はもう終わっていたはずです。信長がどこに移転するつもりだったのか、つまり安土の次に信長の居城となるはずだった幻の城はどこなのでしょうか？

それはじつは謎《なぞ》でもなんでもありません。

その城はだれもが知っている城です。

◇信長が考えていた幻の城はどこだったのか

大坂城（現在は大阪城と書きます）なのです。


驚く人もいるかもしれません。どうしてわかるのか、大坂城は秀吉の城ではないか、という人もいるでしょう。

じつはそうではありません。

あの城を、あの地に築くことは、信長が考えたことなのです。証拠はありませんが、まず間違いありません。

どうしてそういえるのでしょうか、信長が殺されたのは天正十年（一五八二）です。では、後継者である豊臣秀吉が大坂に城を築くべく着工を命じたのはいつで、工事がはじまったのはいつでしょうか——なんと翌年の天正十一年からなのです。

その前年の天正十年六月まで、秀吉は自分が天下人になるとは夢にも思っていませんでした。秀吉がその野心をいだいたのは、明らかに信長の横死《おうし》以降のことです。すると秀吉は信長の死後わずか一年ばかりで、天下経営のプランを考え大坂に築城を命じたことになります。

それはいくらなんでも手回しがよすぎます。この時点で秀吉はまだ完全に天下を統一してはいないのです。

それなのに、秀吉はどうしてそんな大がかりなプロジェクトを実施できたのでしょうか。

答えは簡単で、信長時代からそれはすでに計画され、実施直前までいっていたからです。それが秀吉によって完成され、秀吉の偉大さを強調するために、信長の名は消されたのでしょう。信長がこの地に執着《しゅうちゃく》したことを示す証拠はほかにもまだあります。

とにかく、この城は信長最後の城になるはずだったにちがいありません。

この城は平地に、しかも商業都市大阪のど真ん中に建っています。

私の目には、信長がついに完成できなかった、幻の大坂城の姿が浮かんでいました。

ちなみに、この地を「大坂」と名づけたのは秀吉ですが、おそらく信長ならそういう名はつけなかったでしょう。

その名は？

いや、それは別の機会に語りたいと思います。

第六章のまとめ

・岐阜と名づけたのは信長です。信長が、中国の周《しゅう》王朝の始祖が岐山というところから起こり天下を統一したという故事にもとづいて、岐阜と改めたのです。「阜」は丘《おか》という意味ですから岐山と同じ意味です。すなわち、信長はこの改名によって、自分が天下を取る意思があることを、世間に公言したのです。

・秀吉は信長の死後わずか一年ばかりで、天下経営のプランを考え大坂に築城を命じたことになります。この時点で秀吉はまだ完全に天下を統一してはいないのです。秀吉はどうしてそんな大がかりなプロジェクトを実施できたのでしょうか。答えは簡単で、信長時代からそれはすでに計画され、実施直前までいっていたからです。

第七章

秀吉を支えた参謀・半兵衛と副将・官兵衛

◇大城塞《だいじょうさい》を乗っ取った男

竹中半兵衛重治《はんべえしげはる》は天文十三年（一五四四）、美濃国《みののくに》（岐阜県）大御堂《おおみどう》城城主の子として生まれました。

城主といっても地方の小豪族で身代は小さく、最初は美濃の国主である斎藤氏に仕えました。斎藤氏は、あの有名な〝美濃の蝮《まむし》〟斎藤道三《どうさん》から二代下った龍興《たつおき》の時代です。

龍興はけっして有能な国主ではありませんでした。

そのため、のちに名参謀として日本全国にその名が知られることになる半兵衛を使いこなすどころか、その才能を見抜くことすらできませんでした。龍興や近習《きんじょう》の家来は、もの静かなインテリで、ひたすら学問を好む半兵衛を、軽侮《けいぶ》こそすれ畏敬の念をいだくことはなかったのです。

それゆえに、龍興は半兵衛から痛烈なしっぺ返しを食らうことになります。

これがじつは、史上に現われる最初の半兵衛の大きな手柄話になります。

竹中重治像(禅幢寺蔵)

龍興が十九歳のときのこと、かねて半兵衛のことを〝女のように柔弱で少し足りない〟と小ばかにしていた龍興の家来どもが、稲葉山城《いなばやま》（斎藤氏の居城、織田信長が奪取して岐阜城と改める）から退出する半兵衛めがけて、櫓《やぐら》の上から小便を浴びせました。

殺伐な戦国の世です。本来なら刀を抜き、侮辱《ぶじょく》を与えた男を斬り殺すのが妥当《だとう》です。また、そうしなければますます蔑《さげす》まれ、武士として世を渡っていけなくなります。

だが、半兵衛はじっとこらえました。

相手が主君の気に入りだから遠慮したのではありません。その証拠に半兵衛は舅《しゅうと》の美濃三人衆の一人安藤伊賀守《いがのかみ》のところへ行き、仕返しのため城を乗っ取りたい――と訴えました。

肝《きも》をつぶしたのは伊賀守です。

なにしろ、稲葉山城といえば、難攻不落の名城として近隣諸国に知れわたっています。平野に厳然とそそり立つ岩山の各所に関門を設け、ほかにこれといった攻め口もありません。現に隣国尾張《おわり》（愛知県）の織田信秀・信長親子が、二代にわたって攻略をねらっているものの、一度も危機に陥ったことがないのです。

伊賀守は半兵衛に稀有《けう》の軍略の才があるとは思いもよりません。ばかなことはやめろと口を酸《す》っぱくして説きました。半兵衛は伊賀守から兵を借りることができずにむなしく帰りました。

しかし、彼はこれで諦《あきら》めたのではありませんでした。

それどころか手持ちのわずかな兵で、大城塞《じょうさい》稲葉山城をほんとうに乗っ取ってしまったのです。

その手立てはこうでした。

◇欲得では動かない半兵衛の人柄

稲葉山城内に半兵衛の弟久作《きゅうさく》という者が人質として住まわされていました。

半兵衛は久作に仮病《けびょう》をつかわせ、その病気見舞いと称して城中に入り込みます。あらかじめ看護の名目で部下を送り込んでおいたのですが、その者たちと示し合わせ、ひそかに持ち込んだ武器を取り出し、夜が更けてから城中で暴れまくったのです。半兵衛以下、家来十六名であったといいます。

いかに天下の堅城とはいえ、内側から攻められればもろいものです。それに半兵衛は巧みに指揮をとり、宿直《とのい》の責任者など重立った者から討ち、小人数を多人数に見せかけたので、主君龍興は城から脱出するほかはありませんでした。半兵衛も命を取るつもりまではなかったのでしょう。龍興は逃げるのに任せ、当分稲葉山城を占拠する旨を宣言したのです。

半兵衛が稲葉山城を奪取してから、しばらくのちのこと、隣国の織田信長が半兵衛に手紙をよこしました。城を渡せば代償として美濃半国の領主にしてやる——というのです。

半兵衛はこれを一蹴《いっしゅう》して、伊賀守を仲立ちにして城を龍興に返し、自分は浪人して近江《おうみ》国（滋賀県）に立ち退きました。信長は欲得で動かない半兵衛の人柄に驚嘆したといいます。

もっとも半兵衛が信長の申し入れを受け入れたとしても、約束が守られたかどうかはたいへん疑問です。おそらく信長は半兵衛に美濃半国を全部くれてやるつもりはなかったでしょう。もし受け入れていれば〝主君への反逆者〟として城を

岐阜城(岐阜市)　中世的山城の典型。はじめ稲葉山城といった

奪われたうえに殺されていた——そうみる人もいます。

この話自体ただの伝説であるという人もいるくらいです。実際、あまりに小説的で話がおもしろすぎ、こんなことをしても半兵衛は一文の得にもならないという面から異をとなえる人もいます。

一文の得にもならない——たしかにそうです。

半兵衛はこの〝謀反《むほん》〟のため、壮年の身で世を捨てなければならなくなりましたし、所領や城は弟の久作や一門の者が守るとしても、斎藤氏からは冷たい目でみられ、織田氏についたわけでもありません。**実利という点からは得になることは一つもないのです。**

一つだけ得な面があるかもしれないとしたら、それは〝名軍師〟としての力量が天下に喧伝《けんでん》されることです。

しかし、これも引退に追い込まれてしまっては役に立ちません。

頭のいい人間がすることではないように思えます。いわば戦術には長《た》けていますが、戦略、政治、実利といった面からは無能であるとすら思えるのです。だが、私は稲葉山城乗っ取りにおける行動にこそ、半兵衛の性格を解く鍵《かぎ》がひそんでいるように思います。

そのことは、黒田官兵衛《かんべえ》との比較で詳しく述べることにしましょう。

とりあえずここでは、半兵衛がたんなる〝戦術者〟ではなく、政治も戦略もこなせる男であったことを、一つのエピソードで示すことにしたいと思います。

◇半兵衛の卓越《たくえつ》した洞察力

ずっとのちの天正五年（一五七七）の夏のことです。半兵衛はすでに織田家に属し、羽柴《はしば》秀吉の参謀として働いていました。その年、信長は上杉謙信の出兵に備え、近江長浜《ながはま》城主であった秀吉を北陸の柴田《しばた》勝家の応援に遣わしました。

しかし、勝家と秀吉とはそりが合いません。

織田家の一の家老《かろう》である勝家、小者から異例の出世を遂げた秀吉、この二人はついに陣中で衝突しました。秀吉は北陸方面軍を任されている勝家に従う義務がありますす。さらにそれは信長の命令でもあります。しかし、秀吉は兵の動かし方で勝家と意見が合わず、大喧嘩《おおげんか》をしたあげく勝手に帰国してしまいました。重大な軍令違反です。

人当たりが柔らかで損になる喧嘩は絶対にしないはずの秀吉が、なぜそうも腹を立てたのかはよくわかりません。あるいは、かねがね秀吉の出自の卑《いや》しさを蔑《さげす》んでいた勝家に、なにか許しがたい暴言があったのかもしれません。だが、信長は激怒しました。

専制君主は自分の命令が実行されないことを許しません。命令が確実に守られなければ軍律が保てず、ひいては自分の権力を危うくすることになるからです。

信長は秀吉に謹慎を命じました。秀吉はどうしたでしょうか？

城におとなしく戻ったまではいいのですが、その後は日夜踊り子をよび、酒を飲み、どんちゃん騒ぎをはじめました。それが何日も何日もつづくのです。

家族や家来たちは驚き慌《あわ》てました。謹慎を命じられたのに、連日の乱痴気《らんちき》騒ぎです。信長は怒って、もっと過酷《かこく》な処分をしてくるかもしれません。側近を通じて何度も諫《いさ》めました。

だが、秀吉は聞こうとしないばかりか、信長の安土《あづち》城下からも能役者をよぶ始末です。いずれは信長の耳に乱行の次第が入ってしまいます。

蒼《あお》くなった家来たちは半兵衛のところへ行って、諫言《かんげん》してくれるように頼みます。

半兵衛は笑って首を振り、

「もし筑前殿《ちくぜん》（秀吉）が陰気なようすで城に籠もっていたりしたら、あの疑り深い信長様が筑前殿に謀反の心ありと思わぬともかぎらぬ。二十万石もあり防備の堅い城もある。信長公を恨《うら》んで反乱を企てていると告げ口をされ、それがたび重なればそれを信じ込まれるということもある。そこを考えて、あれほど遊びまくっておられるのだ。心配はいらん」

と答えたといいます。

信長はたしかに猜疑《さいぎ》心が強く、戦略だけでなく謀略も得意ですが、その反面、人をすぐ疑う悪い癖《くせ》がありました。

秀吉はそこを恐れたのです。

三人の人間が次々に告げ口をすれば、母も実の息子を疑い、出るはずもない虎が市中に現われたことになるという、「三人市虎《しこ》をなす」という諺《ことわざ》もあります。

秀吉は本能的にこの危険を察知しました。秀吉は当事者ですから、ある意味で、それは当然の反応ですが、**一歩離れた立場からそれを見抜いた半兵衛の洞察《どうさつ》力はすごいものです。**これをみれば、彼が武辺一点張りではなく、政略もできる人物であることがわかります。

この二つのエピソードは、じつは確実な資料によるものではありません。半兵衛の軍功がはっきり述べられている信頼できる資料は、驚くほど少ないのです。

一つは戦国時代は武者働き——つまり、第一線の部隊長としての手柄が重要視され、軍略の面は疎《おろそ》かにされたきらいがあるからです。

もう一つ、半兵衛はあくまで陰の人に徹することを欲し、あまり表に出て功を誇るようなところはなかった人のようなのです。

しかし、この〝城取り〟と〝秀吉の心理分析〟の二つのエピソードは、少なくとも彼が同時代の人間に、彼のすぐれた軍略と政略の才を認識されていたという証明にはなるでしょう。

彼の性格と能力を如実《にょじつ》に表わした話として、私としても捨てがたいのです。

◇官兵衛「信長様につく！」

竹中半兵衛より二歳年下の黒田官兵衛孝高《よしたか》は、播磨国《はりま》（兵庫県）の姫路城で生まれました。天文十五年（一五四六）のことです。

彼も半兵衛と同じく城主の息子で、やがては小豪族の長《おさ》となる身の上でした。

彼が属していたのは小寺氏《こでら》という赤松氏の支流で、当初は主君小寺政職《まさもと》から姓を賜わり、小寺官兵衛と名乗っていました。

この主君もまた半兵衛の場合と同様、暗君でした。官兵衛は弱冠二十二歳で小寺家の家老を務めることになりますが、彼の苦労はここからはじまるのです。

小寺氏もけっして大きな勢力ではありません。

戦国の世で家の安泰を保っていくためには、どこか強国の傘下《さんか》に入る必要があります。当時、官兵衛の周囲にある大勢力といえば、毛利氏《もうり》、三好氏《みよし》、織田氏の三つでした。

私たちは歴史の進行状態を知っているから迷いませんが、当時の人々にとってこの選択は非常に難しく、しかも命がけでした。一歩間違えばなにもかも失ってしまいます。所領も家族も命さえも。しかし主君政職は時勢を見抜く力がありません。

そこで政職は重立った家来を集め、この三大勢力のうちどこに帰属すべきかを聴《き》きました。

このとき、家来の多くは毛利家を推しました。無理もありません。毛利は名門であり大国の主です。兵は強く数も多く、同盟相手として申し分ありません。いわば安全パイでした。

それに対して官兵衛はただ一人織田につくことを主張しました。彼は信長軍団の革新性と将来性を見通していたのです。

田舎《いなか》土豪の家老にしておくにはもったいないような目の確かさです。

彼はその線で家中《かちゅう》の意見をまとめ上げ、岐阜で信長に会って帰属を申し入れました。

信長は官兵衛のすぐれた情勢認識、および戦略家としての才能を嗅《か》ぎ取り、彼に秘蔵の名刀「圧切《へしきり》」を与えます。そして、羽柴秀吉とコンビを組んで中国地方

姫路城(姫路市)　ここで官兵衛は生まれた

経略に当たるように命じたのです。

官兵衛は織田家への帰属後、さっそく小寺氏だけの小勢で毛利の大軍を追い返すというみごとな戦いぶりをみせています。

ところが問題は、主君の政職です。

この男はかねてから官兵衛をきらっていました。

どうやら官兵衛の才能に嫉妬《しっと》していたようであり、同時に、織田氏へ行きがかり上帰属したものの、本心では毛利のほうがよいと思っていたらしいのです。

政職は織田支持派の官兵衛を抹殺《まっさつ》することを決めました。それも最も陰険な手段で。

そのころ、信長の部下で荒木村重《あらきむらしげ》という武将が反乱を起こしていました。村重は摂津《せっつ》（大阪府）におり、政職もこれと結託していたのです。

官兵衛は、慌てて政職にばかなことはやめるようにと説きました。

それに対して政職は、反乱は本意ではない、村重がやめればこちらもやめる――と心にもないことをいい、官兵衛に村重を説得に行くよう頼みました。

官兵衛は承知しました。ですが、政職は同時に村重に書状を送り、官兵衛をそちらで殺してくれるようにと頼む手紙を出していました。

なにも知らない官兵衛は、このときはころりと欺《あざむ》かれたのです。

彼は村重の居城有岡《ありおか》城へ行ったところ、たちまち捕らえられ、牢《ろう》に放り込まれました。殺されなかったのが不幸中の幸いでした。

◇官兵衛、天下への〝野心〟起こす

彼はそのまま一年の間、城の牢獄に幽閉されました。座敷牢ではなく湿気の強い土牢《つちろう》です。おそらく閉じ込めた側では衰弱死をねらったにちがいありません。ただちに殺さなかったのは、村重が官兵衛と同じキリシタン信徒だったからかもしれません。

官兵衛はしぶとく生きつづけました。だが不潔な環境のなかで、体は次々にむしばまれていきました。以前から罹《かか》っていた梅毒が全身に広がり、体じゅう瘡《かさ》だらけになり、足は曲がって不自由になりました。ようやく次の年、信長の部下が有岡城を落としたため、彼は救われましたが、その凄惨《せいさん》な姿を見て、信長ですら涙を流したといいます。

そして、それほどひどい目に遭いながら、いささかも裏切るようすを見せなかったので、彼は男であると評判が高まりました。

彼もまた、単純な損得勘定だけで動く男ではないのでした。

ただ彼は才気煥発《かんぱつ》なのはいいのですが、それが表に出すぎ、しばしば腹黒い策士とみられることがありました。

たとえば、本能寺の変で信長が死んだ直後のことです。

彼は信長の家来から変報を受け取ると秀吉に示し、主君を失って呆然《ぼうぜん》としている秀吉に向かって、にっこりと笑い、「天下を盗《と》る好機がやって来た」と励ましたのです。

このアドバイスはまったく正しいものです。たしかにそのとおりです。**しかし、これまで主君だった人間の死を悲しむようすもなく、こういうことをいってはいけません。**このときに口をすべらしたのが原因で、彼は秀吉に警戒されることになります。のちに秀吉は自分の死後天下を取れる者の一人として官兵衛をあげたことがありますが、そのとき彼にわずか十二万石の身代しか与えなかったのです。

　もっとも警戒したといっても、秀吉が実行したのは官兵衛にあまり領地をやらなかったことぐらいで、あとはなにかにつけ相談しています。秀吉自身は官兵衛を使いこなせる自信があったのでしょう。それは自分のほうが官兵衛より器量が上だとの自負によるものです。実際、官兵衛は秀吉在世中はおとなしくしていました。

　だが、官兵衛は元来秀吉の家来であったわけではありません。コンビを組むように命じたのは信長であり、本来は秀吉とは同僚の関係です。そして秀吉が天下人になるまでにはいろいろと力を尽くしました。もう義理は果たしたわけです。

　そこで彼は秀吉が死んで子の秀頼《ひでより》の時代になると野心を起こしました。秀吉の死後、残っている戦国武将で自分と同じほどの器量があるのは徳川家康しかない。家康を倒せば自分が天下の主になることは少しもおかしくない。むしろ実力ある者が天下を取るのが戦国の世の習いではなかったか。官兵衛はそう思ったにちがいありません。

　しかし、彼はやみくもに家康と対抗するようなばかなまねはしませんでした。

なにしろ十二万石の小身代です。慌てず騒がず時節を待ったのです。

◇なぜ左手で家康を刺さなかった！

時はついにやって来ました。

天下分け目の関ヶ原の戦いです。

石田三成《みつなり》の西軍、家康の東軍、官兵衛（このころは出家して如水《じょすい》と名乗っていましたが、便宜上、官兵衛で通します）は両軍共倒れを夢見ました。いやけっして夢とはいえません。

両軍の勢力は拮抗《きっこう》していましたし、三成の軍略はまず東軍を東北までおびき出し、その隙《すき》に大坂で兵を挙げ、両翼から東軍を挟み打ちにするというものでした。

東北には上杉、関東には佐竹という有力な味方がいます。西軍にとってけっして分《ぶ》の悪い戦いではありませんでした。官兵衛はこの戦いは百日はかかると踏みました。その間に九州を平定し、途中で兵を募《つの》りながら軍を進めていけば、間違いなく東西の勝者と決戦できます。そして、それに勝てば天下の主となることもできるのです。

彼はそのとき五十五歳でした。いまでいえば壮年です。本来ならば実社会からそろそろ引退する年齢です。ですが、彼は兵を募り（息子の長政《ながまさ》が東軍へ参じたため、黒田家の兵はほとんど地元にいませんでした）、その寄せ集めの軍勢を使って一月足らずの間に、ほぼ九州を制圧してしまったのです。

ところが、肝心の関ヶ原の戦いがわずか一日で終わってしまいました。

皮肉なことに、これは息子の黒田長政の働きによるところが大でありました。家康の参謀格であった長政は、本来ならば西軍に属するはずだった福島正則《まさのり》らを東軍に味方させ、西軍の大勢力の一つ小早川《こばやかわ》秀秋を裏切らせたのです。

その結果、関ヶ原において数のうえで優位を保っていたはずの西軍は惨敗し、戦いは一日で終わってしまったのです。

官兵衛は落胆しました。

しかし変わり身の早い彼は、すぐさま戦いを徳川方のためにやったように見せかけました。

一方、長政は関ヶ原の功で五十二万石の太守《たいしゅ》となり、勇んで国へ帰り父に会いました。

彼は何度も関ヶ原の功を自慢し、家康から激賞されたと父に報告したのです。それどころか、官兵衛はまったくうれしそうなようすを見せません。それどころかこんな話があります。

家康が感謝する際、三度まで自分の手を押しいただいたと長政が語ったところ、官兵衛はその手はどちらであったかと質問しました。まことに奇妙な問いです。長政はとにかく右手でございましたと返答しました。

官兵衛はいいます。

そのとき、おまえの左手はなにをしていたのか、と。すなわち、なぜ家康を刺し殺して自分で天下をねらわなかったのか、といいたかったのです。

長政の働きは、家康の評価どおり完璧《かんぺき》なものでした。ただし、それは参謀として、という限定がつきます。

男ならなぜ天下を望まないのか、みずからの未来を自分の手で狭《せば》めてしまった息子に、官兵衛は歯がゆい思いをしたにちがいないのです。

黒田長政騎馬像（福岡市博物館蔵）

こうして官兵衛の野望は潰《つい》えました。

彼は天下への望みを捨てると、むしろ悠々《ゆうゆう》自適の人生を送りました。死までの四年間、小さな館《やかた》に住み、近所の子どもと遊んで一日を過ごしたといいます。すっぱりと未練を捨てたあとは、自由で実りある晩年を送り、天寿をもって終わったのです。

◇陰の半兵衛、陽の官兵衛

このように半兵衛と官兵衛はともに地方の城主（国主ではない）の長子として生まれ、若いころから城主やそれに準じた地位につきました。そして、みずからの判断でそれまでの主君を捨て、新興勢力の織田氏に帰属しました。それも、たまたま羽柴《はしば》秀吉という男の下で二人ともが働くことになったのです。年も二歳違いで、ほぼ同じといっていいでしょう。

ところが性格やその後の人生をみると、これがじつに対照的なのです。

半兵衛は冷静沈着な態度をつねに崩さず、その反応も受け身であることが多

黒田如水居士画像（福岡市博物館蔵）

く、あくまで陰の人に徹するようなところがあります。

官兵衛はやはり冷静ではありますが、半兵衛よりはるかに陽性で、行動は積極的です。

のちの人生でいえば、半兵衛が肺結核で若死にしたのに対し、官兵衛は梅毒に冒されながらもしぶとく生きつづけるなど、罹《かか》った病気でさえ対照的なのです。

つまり半兵衛は青白きインテリタイプ、官兵衛はバイタリティーあふれるやり手官僚タイプという分け方もできます。誤解してもらっては困りますが、半兵衛がインテリタイプといっても武道が不得手《ふえて》だというわけではありません。最初に述べた城取りのとき、半兵衛はみずから武器をとって戦っているのです。むしろ官兵衛のほうが武者働きが苦手だと告白したという記録があります。だからあくまでこのいい方は便宜的なものにすぎませんが、いちおうはそういえるのです。

ここで両人の性格をもう少し掘り下げてみましょう。

まず半兵衛ですが、これはどうも実社会の利益を追求するという性格ではなかったようです。

私がそういう根拠は、例の城取りの際における半兵衛の行動からです。

あの城取りは半兵衛にとって実益はなにもありませんでした。もし、事前に信長と通じておいて城を取ったなら、勲功第一として賞せられもしたでしょう。稲《いな》葉山《ばやま》城を取るのが信長の宿願だったのですから。ですが、半兵衛はそういう実益はいっさい考えず、ただひたすら意趣返しのために城を奪い、斎藤方からも織田方からも一文も取らずに、隠居してしまいました。

戦術には長《た》けているが、広い意味での戦略眼がなかったというわけでもありません。それが長浜での秀吉の行動に対する解釈の鋭さでもわかります。ではなんのために、損な行動に出たのでしょうか。

要するに半兵衛は一種の職人気質《かたぎ》の人間なのです。欲得抜きで、だれにも拘束されることなく、自分の力量を試してみたかったのです。それで自分の立場がどうなろうとかまいはしません。自分が満足すればそれでいいのです。つまり彼は一種の芸術家だったといえるでしょう。作品を完璧《かんぺき》なかたちで仕上げることが第一だったのです。

◇実利からみた官兵衛の「節義」

これに対して官兵衛の行動は、広い意味での実利に裏打ちされています。彼は損な行動はとりません。ここでいう損得とは、もちろん広い意味で将来を見通したうえでのことです。だから目先の損を承知で受け入れることもあります。それが将来において結局得になるなら甘んじて受け入れるのです。

たとえば、有岡城で幽閉されながら、いささかも信長方を裏切る気配を見せなかったことです。死の一歩前までいったものの、変節しなかったことで、彼はたんなる策士ではないという評判をかちとることができました。

興味深いのは、天下人になった秀吉も家康も、同じように生命の危険を冒してまで、こういう評判をかちとるための努力をしていることです。

秀吉は元亀元年（一五七〇）、敦賀《つるが》においてそれを行なっています。有名な「金ヶ崎の退口《のきぐち》」という話です。

この年、信長は越前《えちぜん》（福井県）の朝倉氏を討つため敵の領国深く侵入しました。ところが友軍のはずの浅井《あざい》氏が裏切ったため、退路を断たれたかたちとなったのです。このままでは、信長軍は敵国で孤立し全滅してしまいます。

そこで、信長は全軍総退却を命じましたが、ここでいちばん困難な役目は殿軍《しんがり》（最後尾の部隊）です。敵のほうが圧倒的に優勢ですから、殿軍は全滅の危険が大きいのです。いわばみずからを犠牲にして、味方を安全なところへ逃がす役目です。これを秀吉がみずから志願したのでした。

これは家康の援助もあり、結局は大成功に終わり、これ以後秀吉はたんなるおべっかづかいではないと一目《いちもく》置かれるようになりました。

家康の場合は、三方《みかた》ヶ原《はら》の合戦（元亀三年）があります。

これは当時、上杉謙信とともに日本一の武将として知られていた武田信玄が西上の軍を起こし、家康の領地を通過したときの話です。

武田軍は京都の制圧が最終的な目標です。そこで家康を無視して通り過ぎようとしました。家康の側からみても、武田側の方針は歓迎してもいいはずでした。日本最強とうわさされる武田軍団と戦わなくてもよいのです。

だが、家康はただ一人反対しました。

そして全軍出撃して武田軍に襲いかかったのです。

結果は惨敗しました。家康は供回りともはぐれ命からがら城へ逃げ帰り、恐怖の余り脱糞《だっぷん》するという始末でした。

だが、この戦いもむだではありませんでした。

以後、家康も男であると一目《いちもく》置かれるようになったのです。

このなかに共通している教訓は一つです。

それは、男であると他人に認められなければ、結局、謀略を施すこともできない、ということです。

のちに家康に敵対した石田三成《みつなり》には、命をかけて勝ち得たこれらのものがありませんでした。たんなる策士というだけでは、人はけっしてついて来ないのです。

官兵衛にもこのへんの機微はよくわかっていたのでしょう。それが、けっして節義を曲げなかった理由です。しかしこれはあくまで広い意味での実利からみたもので、徳川時代にやかましくいわれた道徳的、教条的なものではありません。

その証拠に、秀吉も家康も官兵衛も、節義を尽くした相手がいなくなると、す

三方ヶ原戦役で敗戦した家康(徳川美術館蔵)

ぐに天下をねらう策謀をめぐらしました。

秀吉は信長の遺子から天下を奪い、家康は秀吉の遺子からそれを奪い、官兵衛もそれをねらったことは前述のとおりです。

◇「汝《なんじ》の敵を愛せよ」を実践した官兵衛

こう述べてくると、あるいは半兵衛や官兵衛は人情とは無縁な恐ろしい人間と思う人もいるかもしれません。ですが、それは間違っています。その証拠となる事実を示しましょう。

まず半兵衛の場合。

官兵衛が有岡城に幽閉されていたときのことです。官兵衛が城に入ったまま連絡を絶ったので、疑《うたぐ》り深い信長は官兵衛が裏切って敵方についたと信じました。そして人質として手もとに置いていた官兵衛の息子松寿丸《しょうじゅまる》（のちの長政《ながまさ》）を殺すように命じたのです。これに対して、半兵衛は厳しく信長を諫《いさ》めましたが聞き入れられません。やむなく、殺したと偽《いつわ》りの報告をして、自分の城に松寿丸を匿《かくま》ったのでした。のちの黒田長政は半兵衛によって命を救われたのです。

官兵衛の場合も似たような話があります。

本能寺の変報を中国にいる秀吉に届けた飛脚《ひきゃく》を、秀吉は秘密を守るために殺すように命じました。

だが官兵衛は殺すにはしのびませんでした。

このような貴重な情報がいち早く手に入ったのも、その飛脚が命がけで走って来たからです。これを殺せとは秘密保持のためとはいえ、いかにも酷《むご》いことです。

そこで官兵衛は秀吉には殺したと偽りの報告をして、みずからの手でその男を匿《かくま》いました。

いずれも主君の命に反して、深い同情心から命を救っているのです。

官兵衛は一方では〝失言〟をし、秀吉に警戒されるというへまをしながら、同時にこれほど人情味あふれる措置をしているのです。

人情味あふれるといえば、これだけではありません。官兵衛は、かつて牢《ろう》に一年幽閉される原因となったもとの主君小寺政職《こでらまさもと》の助命を信長に願ったばかりか、その息子の氏職《うじもと》に客分として知行を与えました。「汝《なんじ》の敵を愛せよ」という言葉を実践しているのです。

このような情愛の深さと節義の固さがなければ、人はけっして慕い寄っては来ないのです。

◇半兵衛は参謀、官兵衛は副将

では、二人が最も違うところはどこかという問題になります。

賢明な読者はもうおわかりになったことかと思いますが、**一言でいえば、半兵衛は参謀で、官兵衛は副将である**――ということです。

半兵衛はあくまで参謀として働き、参謀の仕事そのものに生きがいを感じていました。そのことに対する報酬《ほうしゅう》が少なくてもかまいません。

極端なことをいえば、自分が立てた作戦どおりに事が運び、不可能を可能にすることと自体がうれしいのです。

卑近《ひきん》な例で恐縮ですが、私は作家としてつねに完璧な作品を書きたいと思っています。書くのは生活のためでもありますが、より以上にいい作品を書きたいという念願があります。目的はあくまで完璧な作品であり、それから得られる名声や実利はあくまで付録です。

一〇〇パーセントそうだというと私の場合はうそになりますが、半兵衛の場合は一〇〇パーセントに近かったのではないでしょうか。だから一文の得にもならない城取りに熱中したのです。のちに織田家へ随身するのも、立身出世のためというよりは、自分の才能をより広い舞台で試してみたかったのでしょう。しかし、彼はいかに自分の才能がすぐれていても、天下を取ろうという野心はありませんでした。彼はあくまで陰の人でよかったのです。参謀としての仕事を果たすこと自体に満足を覚えていたのですから。

これに対して官兵衛はまったく違います。

彼が才能を使うのは、実益のためです。彼にとって才能というのはそういうものでした。

彼がたまたま参謀としての地位に甘んじなければならなかったのは、同時代に秀吉や家康という、彼より少し才能も地位も上の人間がいたからです。だから、それがいなくなったとき、彼はみずから天下人になろうとしました。そういう野心があったから、男としての評判を落とさないように努力もしました。

あくまでたんなる参謀として陰の人にとどまり、献策するだけなら、みずから将となるための努力はしなくてもよいのです。現に半兵衛はそれをしませんでした。だが官兵衛は別です。それは天下に野心があったからです。

才能というのは、自分の地位や身分を高めるために使うものだ――それが官兵衛の信念でした。

だが、秀吉というやや器量が勝《まさ》る先輩が身近にいたため、彼は〝副将〟としての地位にとどまらざるをえませんでした。だから〝主将〟である秀吉が死んだあとは、自分が〝主将〟になろうとしました。これは官兵衛にとって当然の行動でした。

半兵衛は早死にしましたが、もし秀吉の死後まで生きていたとしても、官兵衛のように自身で天下をねらうようなことはなかったでしょう。彼はあくまで参謀として生きることが望みで、〝主将〟になることは考えてもいなかったにちがいありません。

それにしてもあらためて思うのは、この二人を部下として思う存分使うことができた秀吉という男の運のよさです。

それは同時に官兵衛にとっては不運でした。しかし、半兵衛にとっては秀吉の征服事業が進めば進むほどよかったでしょう。そのほうが自分の腕が振るえるからです。

もし、二人のうちどちらか一人をくれると秀吉にいわれたら、私は半兵衛のほうを取るでしょう。そのほうが築き上げたものを奪われる心配がないからです。

第七章のまとめ

・半兵衛はあくまで陰の人に徹することを欲し、あまり表に出て功を誇るようなところはなかった人のようなのです。

・半兵衛は一種の職人気質《かたぎ》の人間なのです。欲得抜きで、だれにも拘束されることなく、自分の力量を試してみたかったのです。それで自分の立場がどうなろうとかまいはしません。自分が満足すればそれでいいのです。

・官兵衛の行動は、広い意味での実利に裏打ちされています。彼は損な行動はとりません。ここでいう損得とは、もちろん広い意味で将来を見通したうえでのことです。だから目先の損を承知で受け入れることもあります。それが将来において結局得になるなら甘んじて受け入れるのです。

・才能というのは、自分の地位や身分を高めるために使うものだ――それが官兵衛の信念でした。

第八章

明智光秀謀反の陰に帝の姿が！

◇光秀は信長に怨念《おんねん》をいだいていたのか

天正十年（一五八二）六月一日、明智光秀《あけちみつひで》の軍勢は丹波亀山城《たんばかめやまじょう》をあとにしました。表向きは織田信長の命で西国毛利《もうり》攻めの援軍に赴くためです。ところが光秀の軍勢は、備中《びっちゅう》（岡山県）に行く道をたどらず、粛々《しゅくしゅく》と京への行軍をつづけました。そして二日未明、光秀の軍は信長が宿営していた本能寺になだれ込みました。

鬼神のごとく恐れられていた信長を討つことに対し、光秀の軍兵《ぐんぴょう》にためらいはありませんでした。「坂東《ばんどう》武者は主《あるじ》あるを知って、主に主あるを知らず」といわれるように、当時の武士はあくまで直属の将の命令にのみ従うことを当然と考えていたからです。

光秀の命を受けた約一万三千の兵は、本能寺を囲み、火を放ち、ついには信長を自害に追い込み、つづいて二条御所にいた織田信忠《のぶただ》（信長の長男）を殺しました。ここに稀世《きせい》の英雄信長の天下布武《ふぶ》の夢は打ち砕かれたのです。

この「本能寺の変」の真相、いい換えれば、なぜ光秀は主君の信長を殺したのかは、いまにいたるまでわからない歴史の大きな謎《なぞ》です。

古来、といっても江戸時代から明治時代にかけて、光秀謀反《むほん》の動機として強く信じ込まれていたのは「怨恨説《えんこんせつ》」でした。そして、その怨恨の内容はじつに多様です。伝えられているおもな話はざっと次のようなものです。

天正七年の丹波八上《やかみ》城攻略の際、光秀は城主の波多野《はたの》一族に対し、降伏すれば命は助けると約束、証《あかし》に自分の母親を人質として八上城に送りました。ところが降伏して来た波多野一族を信長が安土《あづち》で皆殺しにし、その報復として光秀の母は城兵になぶり殺しにされてしまいました。光秀はその信長の行為を深く恨《にく》んでいました。

本能寺の変の直前の天正十年五月。信長から受けた加封《かほう》、本領安堵《あんど》の謝意を表するため安土城にやって来た徳川家康の饗応《きょうおう》役を光秀がいい渡されました。ところが料理の魚が異臭《いしゅう》を放っているのを下見に来た信長が見咎《とが》め、光秀を罷《ひ》免《めん》し、光秀の面目は丸つぶれとなりました。

稲葉一鉄《いってつ》の家来だった斎藤利三《としみつ》（のちに光秀の重臣、春日局《かすがのつぼね》の父）が、一鉄のところから逐電《ちくでん》し、光秀に身を寄せました。一鉄に泣きつかれた信長は、利三を返すよう光秀に命じましたが、光秀はそれを拒否して、信長の不興を買うようになりました。

やはり天正十年に、武田勝頼《かつより》を攻め滅ぼした戦勝祝賀の席で、光秀が「骨を折ったかいがあった」と漏《も》らした言葉を信長が聞いて、「おまえがどんな武功を立てたというのか」と、満座の前で光秀の頭を寺（諏訪《すわ》の法華《ほっけ》寺）の欄干《らんかん》に押しつけました。

こうした話に尾鰭《おひれ》がつき、ディテールが変えられ、光秀の謀反が小説、ドラマなどで繰り返し語られるところとなったのは周知のとおりです。

ところが現代になって、戦国史研究の第一人者だった高柳光寿《みつとし》氏は、その著『明智光秀』（吉川弘文館刊）で、これらの怨恨説を一つ一つ検証して、まったくの誤りであることを詳しく論述しています。

高柳氏は「同時代に書かれたものなら信用に足るが、すべてが江戸時代になってつくられた後人の想像にすぎない」と断定しています。

現・本能寺（京都・中京区）
本能寺の変で焼失後、秀吉が当地に移した

◇戦国武将にはすべて野望ありき

高柳氏が論断した怨恨説以外に、近年になって出てきた新たな怨恨説もあります。それは、信長が光秀に毛利《もうり》攻めを命じた際、光秀の領国である丹波（京都府・兵庫県）、近江《おうみ》（滋賀県）を召し上げ、代わりにまだ敵対中の毛利の属国である出雲《いずも》、石見《いわみ》（ともに島根県）を与えました。その仕打ちに光秀は恨《うら》みをいだいたという説です。

信長が光秀を発奮させるために、領国を召し上げた、と考えられないことはありません。しかし、この説も詳細に調べてみると矛盾《むじゅん》が多すぎます。

天正十年に織田信孝《のぶたか》（信長の三男）が丹波の国侍《くにざむらい》に発給した軍令状があるので、この時点で光秀が丹波を取り上げられていたことは確か、というのが新怨恨説の拠《よ》るところになっています。ですが、仮に信孝が軍令状を出した事実があるにしても、いきなり領土を取り上げ、敵国の領土を取れという約束手形はあまりにむちゃすぎます。

明智光秀像（本徳寺蔵）

出雲、石見に攻め込むまでの間、光秀軍団の家族の住むところはなくなるわけですし、光秀の軍団は近江、丹波の国侍で構成されています。だから、もし二国の支配権を取り上げられたら、国侍は一人も動かず、毛利攻めの援軍は覚束《おぼつか》ないことになります。この信長の命令はあまりにも常識に反しているのです。

では、なぜこのような怨恨説がまことしやかに語られるようになったのでしょうか。

理由のわからない事件があると、人間は、なんとしても納得《なっとく》したい欲望に駆られます。そしてあとでもっともらしい理屈づけをします。私はこれを「逆算の論理」とよんでいます。不可解な事件の原因をあとで推論する論理です。光秀謀反における怨恨説は、まさにこの逆算の論理の典型といってよいのです。

光秀は足利義昭《あしかがよしあき》という将軍に仕えた経験があるものの、禄《ろく》は低く、経済的にみれば素浪人《すろうにん》のようなものでした。ですが永禄十一年（一五六八）に信長が上洛《じょうらく》したときから信長の臣下となり、以後めきめきと頭角を現わし大出世を遂げていきました。信長は羽柴《はしば》秀吉と並ぶ者として光秀を信頼し重用していたのです。最終的に光秀は、織田政権にあって、秀吉、柴田勝家《しばたかついえ》、丹羽長秀《にわながひで》、滝川一益《たきがわかずます》とともにに、五大軍団を形成する将の一人にまでなりました。禄は五十万石です。

この押しも押されもせぬ大大名にまで引き立ててくれたのは信長です。信長は光秀にとっては足を向けて寝られないような存在だったのです。厚く光秀を信用していた信長は、まさか光秀に寝首を掻《か》かれるとは、夢にも思っていなかったことでしょう。

そんな謀反を起こすはずのない光秀が信長を襲いました。なぜでしょうか。動機は、当時の人々にも、おそらくわからなかったにちがいありません。

しかし、現実に光秀は信長を弑逆《しいぎゃく》しています。その現実を目の当たりにして、のちの人々は首をひねりました。その結論はほかでもありません。それは「大恩を帳消しにするほどの、信長のいじめ、それに対する恨みが光秀にはあったのだろう」というものです。

では、その恨みというのはなにか、ということでさまざまな伝説が捏造《ねつぞう》されていったのです。もちろん、それらの伝説は確認のしようがないものです。唯一、確認できるといういい方をすれば『川角太閤記《かわすみたいこうき》』には、光秀が毛利の重臣小早川《こばやかわ》隆景《たかかげ》にあてた書状に、「自分は近年、信長に恨みをいだいていた」という記述があることです。しかし『川角太閤記』自体、歴史的資料としての信頼度が低く、恨みをもつにいたった事件の内容についての記述はありません。

江戸時代には、光秀の反逆は怨恨説で納得され、それ以上の探求はされませんでした。ところが近代になって怨恨説に疑問が投げかけられました。そこで出てきたのが、「野望説」です。

この野望説は、もともと光秀には秀吉や家康もいだいていた天下取りの意識があり、その千載一遇《せんざいいちぐう》のチャンスが目の前にあることに気づいたので、それを実行したまでのこと、というものです。

チャンスというのは、具体的には、本能寺の変の直前に信長麾下《きか》の有力部将が信長の身辺にだれもいなかったことです。秀吉は中国毛利攻めにてこずってい て、柴田は上杉景勝《かげかつ》を魚津《うおづ》城で攻撃中でした。関東では滝川一益が北条と戦っており、しかも信長は、わずかの供揃《ともぞろ》えで本能寺にいます。討つならいまをおいてないと光秀は思いました。ただ、誤算は秀吉が毛利と講和を結び、予想もしないスピードで京に舞い戻って来たため、三日天下で終わったことです。

しかし、この野望説もじつは、怨恨説の〝姉妹編〟のようなものです。

たしかに、秀吉も信長が死んだあと、かつての織田政権の重臣柴田勝家を謀略で攻め滅ぼしたり、三男の信孝を切腹に追い込んだりというように、反逆に近い行為を繰り返しながら、結局は天下を取っています。それだけに、野望説にまったく根拠がないとはいいきれませんが、やはり辻褄《つじつま》の合わないことが多すぎるのです。

われわれは、歴史の結果を見て、戦国時代はだれもが天下をねらっていた、と見がちですが、天下を取るには、途方もないエネルギーと気概を必要とします。当時、天下取りの意識と、それに対応する現実的プランをもっていたのは、信長だけだったのではないか、というのが私の考えです。秀吉も、信長が死んでいなかったら、おそらく天下取りを考えることなく、信長の臣下として一生を終えていたかもしれません。

怨恨説は誤り、野望説には疑問符がつくとなると、光秀謀反の動機はいったいどこにあったのでしょうか。

野望説のあと、『武功夜話』などの新資料が出て、信長の安土桃山時代の研究はさらに進展しています。そうしたなかで、近年になって、光秀謀反に関する新たな説がとなえられはじめています。

その最新説は、二つの流れに大別することができます。

一つは「光秀無罪説」。つまり、光秀が反逆したことには、矛盾《むじゅん》点が多すぎるので、ほんとうは光秀以外の者が反逆に及んだとする説です。この説では秀吉あるいは家康が実際の反逆者とされています。

秀吉は信長の死で、天下が取れたのですから結果的にいちばん得をしたことになります。そこで、もしかすると秀吉が真犯人ではないかというのです。これは荒唐無稽《こうとうむけい》といわざるをえません。秀吉には本能寺の変のとき、毛利と対峙《たいじ》していた絶対的アリバイがあるからです。

家康にしても、もし彼が実行犯なら、本能寺の変の前後に三河《みかわ》（愛知県）から軍勢が駆けつけていなければおかしいのです。信長に代わって天下人となるのであれば、京の支配権を固める必要があったからです。

ところが、実際のところ家康は、命からがら京から三河に逃げ帰っています。よしんば、家康が光秀をそそのかしたという見方をとっても、信長殺害後の段どりが悪すぎたことから、家康が信長殺しに関与していたとは考えられません。

織田信長（三宝寺蔵）

◇光秀謀反の陰に黒幕が！

これらの「光秀無罪説」よりも説得力があるのは、最新説のもう一方の流れです。

手をくだしたのは光秀だが、それをそそのかした者がいるという「使嗾《しそう》説」です。

そのなかで興味深いのは、信長の長宗《ちょうそ》（曾）我部《かべ》討伐にからんでの、光秀の重臣斎藤利三《としみつ》の使嗾説です。

信長が、まだそれほど勢力を伸ばしていなかったころ、織田政権は遠国とは宥《ゆう》和《わ》し、近国は攻め取る「遠交近攻」政策をしいていました。そして遠国の一つである対四国外交ロビーには二つのラインをもっていました。長宗我部系の光秀ラインと三好《みよし》系の秀吉ラインです。この二つのラインのうち当初、信長が重視していたのは長宗我部系でした。

信長が長宗我部と友好関係にあったのは、互いに領国が離れていて直接的な利

長宗我部元親（秦神社蔵）

害関係がなかったからにすぎません。しかし、時が移るとともに、信長は急速に勢力を伸ばし、全国制覇《せいは》のプランをいだきはじめました。となると四国がどうしても必要な領地になります。それに長宗我部元親《もとちか》に四国全土を制覇されると、織田家の強力な敵になる懸念《けねん》もあります。長宗我部は討っておかねばならない、と信長は考えました。

一方、長宗我部にしてみれば、四国は自力で切り取った領地で、みすみす信長に渡すわけにはいきません。

両者の利害対立はそこに起こり、信長は断固四国を討伐する方針を固め、長宗我部に圧迫される三好を助ける名目で三男の信孝を総大将とする艦隊を編成、丹羽長秀《にわながひで》を補佐につけました。

光秀は、それまで長宗我部との友好関係を営々として築き上げてきました。それが目前で踏みにじられたのです。光秀の面目は丸つぶれです。光秀の心中は苦渋《くじゅう》に満ちていました。どうすべきか。いま、無防備の信長を討てば四国討伐は阻止《そし》できます。光秀は家老《かろう》の斎藤利三に相談します。

本来なら諫《いさ》め役に回るはずの家老利三ですが、織田と長宗我部との友好の証《あかし》と

正親町天皇（京都·泉涌寺蔵）

して利三は、自分の妹を長宗我部に嫁がせ、長宗我部元親の世継ぎ、信親《のぶちか》を産ませています。四国討伐で妹と甥《おい》を失いたくはありませんでした。

「おやりなされ。それもいま」と、利三は答えたのではないでしょうか。

信孝の四国討伐艦隊が大坂から出陣する予定日が、天正十年（一五八二）の六月二日でした。

利三は、それまでに信長を討つべしと、積極的に光秀をけしかけたのかもしれません。

「いまなら、反乱は成功する」と。

これが、私の描く一つのシナリオです。

さらに、最近になって私は、使嗾説では、斎藤利三もさることながら、朝廷あるいは公家《くげ》が光秀謀反に大きく関与していたのではないかと推測しはじめています。

その根拠は、まず信長があの時期に、なぜ京に滞在していたかという疑問です。

天下人をねらう信長はたびたび上洛《じょうらく》していたように思われていますが、京に頻《ひん》繁《ぱん》に通っていたのは、はじめて上洛した永禄年間（一五五八～六九）から天正八年の中ほどまでで、以後、本能寺で殺されるまでの一年半は京には〝馬揃《うまぞろ》え〟以外には行っていません。その間の朝廷とのやりとりはおもに書簡です。

理由は、日本中世史の今谷明氏が指摘するように、正親町《おおぎまち》天皇と信長の仲が険悪な状態にあったからです。

正親町天皇と信長の不仲は、信長が正親町天皇に「早く誠仁《さねひと》親王に譲位すべきだ」といっていたことに起因していると思われます。

信長は誠仁親王を天皇にして、朝廷を思うがままに動かしたいと考えていました。老獪《ろうかい》な正親町天皇には手を焼いていたからです。

信長が譲位を天皇に迫りはじめたのは、天正元年あたりからだったという公家中山孝親《たかちか》の記録がありますから、正親町天皇は信長の圧力に対し、十年余りも対抗していた計算になります。

◇天皇にとって信長は脅威そのもの

信長が、馬揃えを行なったのが天正九年。

その一回目が二月二十八日、二回目が翌三月一日です。この馬揃えというのは、今日でいう観兵式です。

信長は息子の信忠《のぶただ》、信雄《のぶかつ》、柴田勝家、丹羽長秀、前田利家《としいえ》などの有力部将を従え、思いきり華やかな飾りつけで、御所の東につくった馬場を行軍しました。派手なデモンストレーションによって正親町天皇に脅《おど》しをかけ、譲位を迫るためなのはいうまでもありません。

こうした信長の姿を見て、天皇はおそらく多大な危機感をもったはずです。

半村良氏は、本能寺の変のときに信長が京都に出て来ていたのは、天皇家を滅ぼし、自分が皇帝になるためだった、と推察しています。

これは魅力的な説ですが、少し無理もあります。なぜなら、天正十年の時点で信長はまだ全国を統一してはいません。地方には島津、毛利、伊達《だて》などの武将が

本能寺境内にある織田信長公廟

います。

そのような状況で天皇家をつぶせば、逆賊の汚名を着せられて、彼ら大大名の攻撃を受けざるをえないからです。だから、信長は天皇家を傀儡《かいらい》にしたい欲望をもってはいましたが、天皇に取って代わる考えはなかったと考えられます。

ですが、天皇家は信長に対して強い不信感と危機感をいだいていました。

歴史をさかのぼってみると、わずか百数十年前に「本気で天皇になろうとした男」がいたからです。足利義満《よしみつ》です。

天皇家の記憶には、その義満の残像があったのでしょう。天皇家は信長を義満とオーバーラップさせて、きわめて危険な人物とみました。信長の行動が、義満が天皇になろうとしたときと似通っていることが危機感を助長させたのです。

似通った点というのは、**強大な軍事力をもち、天皇に平然と脅しをかける実力者であること。加えて、すべての官職を辞していたことです。**

信長は天正五年十一月に従二位の位階を贈られ右大臣に任じられています。正二位を贈られたのは翌年一月。ですが、その年の四月に信長は右大臣の職を辞しています。これは、天皇家にとっては不気味に映《うつ》る行動です。

右大臣、その上の左大臣、関白《かんぱく》にせよ冠位を受けることは、朝廷を中心とした秩序、組織に入ることを意味します。**逆にいえば無冠になっている信長は朝廷の秩序に参加しない人間ということになります。**

天皇家にとって危険な存在の信長はなんとか処分しなければなりません。正親町天皇の脳裏《のうり》にも、天皇を取り巻く公家《くげ》連中にも、そんな考えが浮かんでいたとしても不思議ではないのです。

そこでクローズアップされたのが光秀でした。光秀は古典的教養主義者で、信長の比叡山《ひえいざん》焼き討ちにも最後まで反対しています。さらに将軍の家臣だったこともあります。そしてなにより光秀が源氏の出であることに天皇家は目をつけました。

天皇家は、光秀に対し、「事成就《じょうじゅ》の暁には征夷《せいい》大将軍にするから、天皇家を脅《おびや》かす逆賊信長を討て」と指令を出したのではないでしょうか。

山科言継卿《やましなときつぐきょう》の残した日記には、信長が京に来る直前に、公家が信長のところに押しかけ、会談している記述があります。ただ、残念なことにそこでなにが話されたかは書かれていません。

私は、そのときに正親町天皇が、「誠仁親王への譲位を決意した」ことを信長に告げ、信長を京によび出したのではないかと思います。

つまり、光秀に密命を出す一方で、信長を京におびき寄せたのです。だから、信長は京に来て、無防備ともいえる状態で滞在していたのです。

天皇の命で逆賊を討つことは後世に汚名を残す裏切りではありません。古典的教養主義者の光秀は、こう思い込むことで信長殺害に踏み切ったのです。

しかし、光秀の天下があまりにも短かったために、征夷大将軍にするといった天皇家の約束、その他の記録は闇《やみ》のなかに葬り去られたのではないでしょうか。

そのあたりが、「本能寺の変」の真相のように思えてなりません。

第八章のまとめ

・理由のわからない事件があると、人間は、なんとしても納得《なつとく》したい欲望に駆られます。そしてあとでもっともらしい理屈づけをします。不可解な事件の原因をあとで推論する論理です。光秀謀反における怨恨説は、まさにこの典型といってよいのです。

・われわれは、歴史の結果を見て、戦国時代はだれもが天下をねらっていた、と見がちですが、天下を取るには、途方もないエネルギーと気概を必要とします。当時、天下取りの意識と、それに対応する現実的プランをもっていたのは、信長だけだったのではないか、というのが私の考えです。

・天皇家は信長を義満とオーバーラップさせて、きわめて危険な人物とみました。信長の行動が、義満が天皇になろうとしたときと似通っていることが危機感を助長させたのです。

・天皇家は、光秀に対し、「事成就《じょうじゅ》の暁には征夷《せいい》大将軍にするから、天皇家を脅《おびや》かす逆賊信長を討て」と指令を出したのではないでしょうか。

第九章

太閤秀吉の墓をめぐるミステリー

◇秀吉が葬られたのはどこか

人間死んでしまえばすべては終わりとするならば、墓などどこにあろうが、どうなろうがいいということになります。

だが、稀代《きたい》の英雄の墓となると、意外なドラマを秘めていることがあります。

そこで秀吉の墓についてのドラマを追ってみましょう。

ところで、その墓がいまどこにあるかご存じでしょうか。

京都です。

京都の東山三十六峰の一つ、阿弥陀《あみだ》ヶ峰《みね》という山の頂上に、秀吉の墓は建っています。

この墓碑は石造の五輪塔で、高さ三丈一尺（約一〇メートル）ある堂々たるもので、高野山《こうやさん》にある一番石塔には及びませんが、まず日本有数の五輪塔であるといえるでしょう。

ちなみに、この一番石塔というのは、崇源院《すうげんいん》（お江《ごう》――淀君《よどぎみ》の妹、将軍徳川秀忠《ひでただ》の妻）の墓です。

それは余談ですが、とにかく私は現在阿弥陀ヶ峰の山頂にある秀吉の墓が、創建以来そのままのもので、徳川政権下の江戸時代には多少荒されたものの、だいたいいまと同じ形をしていたのだろう、もちろん位置は当初から変わっていない――そのように思い込んでいたのです。迂闊《うかつ》な話ですが、思い込みというのはそういうもののようです。

それが少し違うなと気がついたのは、去る夏のことでした。

私はある小説の取材で京都へ行ったのですが、そのとき時間が余ったので、東山の新日吉《いまひえ》神社に立ち寄りました。秀吉を祭《まつ》る豊国《とよくに》神社の隣にある社《やしろ》です。

そこは後白河《ごしらかわ》法皇の神霊を祭る神社で、参拝したあと社務所で沿革などを記したパンフレットをもらったのですが、自宅に帰ってから、そこに妙な記述があるのに気がつきました。

じつはこの神社は、秀吉を豊国《とよくに》大明神という神として祭った豊国社が、徳川政権によって廃されたあと、その社地に建てられた神社なのです。もっともこう書くと、新日吉社が豊国社の社地を奪ったように聞こえますが、それは話が逆で、豊国社のほうが新日吉社の社地の一部を譲り受けて社殿を建てたのです。

京都のような古い土地になると、いい地所はかならずどこかの公家《くげ》や社寺の持ちものになっていますから、新しい神はどこかの土地をもらうより方法がありません。

つまり、新日吉社というのは、豊国社ひいては秀吉の墓と深いかかわりのある社だと知っていただければいいのです。

さて、そのパンフレットに次のような記述があります。

「――慶長三年（一五九八）に秀吉が死没しますと、豊臣氏は、新日吉の社の北社地に豊国社を造営、更にその東の油ヶ峰に秀吉の墓所を営みました。（中略）ところが明治三十年（一八九七）に、豊臣氏にゆかりの旧大名家が、豊国廟《びょう》の復興をはかり、秀吉の墓所をもとの位置より東の阿弥陀ヶ峰頂上に移し、（中略）大いに社地をおかしたのであります」

あれ、と思ったのです。

これをまともに受け取ると、
(1)秀吉の墓はもとは「油ヶ峰」というところにあった。

阿弥陀ヶ峰山頂に建つ豊臣秀吉の墓碑(京都·東山区)

⑵しかし、明治三十年にもとの位置より東の阿弥陀ヶ峰に改葬された。

ということになるではないですか。

しかし、そんなことがあるのでしょうか。

どんな歴史の本を見ても、秀吉は死後、京都東山の阿弥陀ヶ峰に葬られた――とあり、この点ではすべて一致しています。しかし、この記述を信じるならば、もとの墓はいまより西の油ヶ峰にあったということになります。

半信半疑で京都の地図を見ても、油ヶ峰という山はどこにもありません。もっとも地図にないからといって、存在を否定はできません。無名の山や丘に、地元の人が名をつけている場合があるからです。

これはぜひもう一度京都へ行って、新日吉社の神官に話を聞かねばと決意しました。

そしてその下準備として、桃山時代から江戸時代にかけて、秀吉の墓がどのようになっていたかを文献で調べてみることにしたのです。

◇秀吉の遺言「神として祭れ」

秀吉が死んだのが慶長三年であることは前述しました。そして、秀吉は自分の死後の葬地と葬礼について、次のように遺言していたようです。

まず、自分を人ではなく神として祭ること。神としての号（すなわち神号）を朝廷から賜わるようにはからうこと。自分の遺骸《いがい》は東山の阿弥陀ヶ峰に葬ること。

神として祭るならば、当然ながら一社を建立《こんりゅう》しなければなりません。そのことも遺言に含まれていたかもしれません。遺言状が残っているわけではないので、はっきりはしませんが、死後の葬礼についての遺言は以上のようなものでしょう。

これは忠実に守られ、秀吉は豊国大明神という神号を朝廷から受け、豪壮華麗な豊国社に神として祭られました。神殿は阿弥陀ヶ峰の秀吉の墓所の前に建ち、桃山美術の粋を集めたすばらしいものだったらしいのです。

ところが、この神社の寿命は短いものでした。

十七年後の元和元年（一六一五）、豊臣氏が滅亡したからです。秀頼《ひでより》と淀君《よどぎみ》を大坂城とともに葬った徳川家康は、豊国社の存在も許しませんでした。豊臣の名を歴史から抹殺《まっさつ》することが彼の念願だったからです。

家康は大坂落城後、ただちに豊国社を破却しようとしたらしいのです。しかし、秀吉の正夫人高台院《こうだいいん》（ねね）が嘆願したため、一時中止しました。

だが、徳川政権が豊臣の神の存続を許すはずがありません。徳川氏はそれから五年ほど豊国社に圧力を加えつづけ、ついに社を雲散霧消《うんさんむしょう》させてしまうのです。

豊国社が完全にそのすべての施設を失ったのは、元和五年九月のことです。それ以後、豊国大明神を祭る社は一つもなくなり、参道も塞《ふさ》がれたため、秀吉の墓所への参拝も不可能になりました。

徳川氏は、「豊国大明神」の神号も朝廷に奏請して取り消しました。代わりに「国泰院俊山雲龍大居士」という戒名を与えました。**このへんが徳川氏の巧妙なところで、大居士と大明神では天と地ほどの違いがあります。大居士というのはあくまで人であり、神ではありません。**それにひきかえ家康は、「東照大権現《だいごんげん》」

豊国神社（京都・東山区）　明治になり秀吉の功績をしのんで再建

という神の座を得たので、神・家康と人・秀吉の差は大きく開いたのです。

さて、ここで気になるのは、秀吉の遺骸そのものが江戸時代はどこにどのようにあったかです。非常に興味深い問題です。どうも秀吉は土葬されたようなのです。

神は土葬し、仏は火葬するという決まりがあるわけではないですが、諸記録を見ると、秀吉は〝神らしく〟衣冠束帯をまとい防腐処置を施されて埋葬されたようです。

大坂落城ののち、徳川氏が豊国社を破却するとき、まず最初に行なったのは豊国大明神という神号の廃止でした。

というのは、神号をなくしてしまえば、豊国社は神社ではなくただの建物になってしまいます。ただの建物を破却するのは容易であり、崇《たた》られる心配もありません。

その際に、秀吉に仏教による戒名を与えたことは前述しました。そこで、〝神式〟をもって葬られた遺骸について、なんらかの処置が加えられたことは容易に想像されます。

それはどのような処置であったのでしょうか。

⑴遺骸を掘り出して取り捨てたか、⑵荼毘《だび》に付して改葬したか、それとも⑶墓碑を壊しただけで遺骸はそのままの状態で残したか。

江戸時代の記録を見ると、どうも⑵ではないかと思われます。

たとえば、『武徳編年集成』によると、「（豊国ノ）神号ヲ廃シ其ノ霊体ヲ方広《ほうこう》寺大仏ノ傍《かたわら》ニ葬リ――」とあります。

方広寺というのは秀吉の建てた大仏のある寺で、それを秀頼が再建したとき、家康が梵鐘《ぼんしょう》の銘文の「国家安康、君臣豊楽」という部分に難癖《なんくせ》をつけ、開戦のきっかけにしたことで有名です。ちなみに、この梵鐘はいまでも残っています。

その改葬地ですが、方広寺境内（現、豊国神社境内）にある馬塚という五輪の小塔がそれらしいのです。「馬」というのは、江戸時代に幕府を憚《はばか》ってそうよんだ（この近辺の地名、馬町に由来するようです）とのことです。

◇掘り出された秀吉の遺骸《いがい》

さて、それだけ予備知識をたくわえたところで、京都を再訪しました。

旅の目的はもちろん、秀吉の墓のほんとうの場所を探ることにあります。

まず、新日吉社の藤島洋三宮司《ぐうじ》にお会いして、ずばり油ヶ峰というのはどこにあるのか尋ねてみました。

宮司は答えるかわりに、先代の宮司が書かれた小冊子を筆者に示しました。そして、秘蔵の古絵図も見せてくれました。

油ヶ峰は、古絵図では「油山」と書かれ、たしかに存在していました。それは阿弥陀ヶ峰の前部、つまり京都市街側から見て峰の最初の盛り上がりをさすのです。

「なあんだ」といわれる方がいるかもしれません。油山といっても、それは阿弥陀ヶ峰の一部にすぎないではないか、そういわれるかもしれません。しかし、現在の位置（山頂）とはだいぶ違います。少なくともどんなかたちにせよ、秀吉の遺骸の改葬が確実であることがわかったのです。

さらに、意外な事実が判明しました。新日吉社の言い伝えでは、秀吉は死後すぐに茶毘《だび》に付され、遺骨が油ヶ峰に祭られたというのです。

そして、小冊子にはさらに驚くべきことが書かれていました。以下、原文を引用します（『新日吉神宮　氏子地沿革と古式祭』より）。

「此の山の中程に平坦《へいたん》な広場になっている所が油山で、秀吉の遺骨はここに葬ったのである。此の時（明治三十年――筆者註）墓地改修の為、掘り起こした所、骸骨がミイラとなって出て来たので、当事者は秀吉のだと思い信じ、石棺《せっかん》を造って鄭重《ていちょう》に収納し、今度は頂上の阿弥陀峰に埋葬した。（中略）思うに秀吉の遺体は灰になっていたのに、骸骨が出たのを秀吉と思い、納棺したのは意外な失策であった――」

おわかりでしょうか、つまり、いまの墓の下にあるのは秀吉の遺骸ではない――といっているのです。

この主張が正しいかどうか、筆者は確認する手段をもちません。秀吉の遺骸が最初から茶毘に付されていたという証拠はありませんし、秀吉の墓のあたりから掘り出された〝ミイラ〟の発掘記録もないからです。

　この小冊子には、そのとき京都府からは技手《ぎしゅ》の安田時秀という人が発掘に立ち会ったとしています。この人がもし報告書を提出していれば、最も詳しくようすがわかるのですが、残念ながらそれは発見できませんでした。

　ところで、このような見解に対して、現在、秀吉を祭っている豊国神社側ではどういう見解をもっているのでしょうか。

　新日吉神社から歩いて五分のところにある豊国神社を訪ね、禰宜《ねぎ》の津江正昭氏に話をうかがいました。

　この改葬の事実について津江氏はあっさり認められました。やはり中腹から山頂への移動は行なわれていたのです。そして、当然のごとく、掘り出された遺骸は秀吉のものであると確信しておられました。つまり豊国社では先ほどの分類でいえば、(3)の立場をとっているのです。

　社伝によると、秀吉の遺骸は西に向かって正座合掌《がっしょう》し、合掌した手に数珠《じゅず》がかけられていたといいます。そして、その埋葬されていた地点は、現在の墓にのぼる途中の中門あたりだというのです。

これで、少なくとも秀吉の最初の墓の位置については、両者の見解が一致したことになります。

すなわち、当初の墓は阿弥陀ヶ峰の中腹（油山）にあり、明治になってから頂上に改葬されたということです。

もし、改葬時期が明治ではなく、さらに発掘者が神官でなければ、一世の英雄秀吉の個人としてのデータがもっと得られたのに、それが残念だと思うのは、私だけではないでしょう。

◇明治の国策――秀吉、英雄として復活

ところで、読者は疑問に思うかもしれません。

江戸時代はだれ一人参拝することもなく打ち捨てられていた秀吉の墓が、なぜ明治に入ってから大々的に改修されたのでしょうか。

これには明治の国家との関連が大いにあります。豊臣秀吉は明治になってから英雄として復活したのです。

徳川時代、秀吉は不当におさえつけられていました。徳川氏の敵であり、固定した身分秩序の破壊者である秀吉は、一種のタブー的存在でありました。『太閤記《たいこうき》』の出版を禁じ、秀吉を祭ることも禁じたのですが、秀吉の人気はいっこうに衰えず人々のなかに生きつづけました。そして、幕府が滅びると、秀吉は明治の立身出世主義のシンボルとして、偉大なる先達《せんだつ》として再びもてはやされるようになったのです。

それだけではありません。明治政府は日本の大陸侵出政策の守護神として、秀吉を復活させたのです。

かつての国史教育のなかで、皇国史観による英雄が多数登場しましたが、この狭い日本を飛び出し朝鮮まで出兵した英雄というと、三人しかいません。神功皇后《じんぐうこうごう》と天智天皇《てんじ》と秀吉です。

このうち神功皇后の事績はあまりに古すぎ真実味にも乏《とぼ》しいものですし、天智天皇は惨敗しています。しかし、秀吉は違います。少なくとも緒戦においては連戦連勝しましたし、加藤清正の虎退治などという景気のいい話もあります。

帝国主義国の末席に連なり、これから脱亜入欧してアジアの一等国を目ざそうという日本としては、かつての朝鮮を侵略した英雄がいたということは、大いに喧伝《けんでん》に値することだったのです。

この国策のもとに鉦《かね》や太鼓《たいこ》をたたいたのが、華族を中心に組織された豊国会という団体です。

会長は黒田侯爵、そのほかにも浅野、蜂須賀《はちすか》、前田といった豊臣家の旧大名がずらりと名を連ねています。関ヶ原の戦いや大坂の陣では力を貸さなかった旧大名も、このときにはずいぶんと合力《ごうりょく》しているのです。

秀吉の墓の強引な発掘も、じつはこういった大陸侵攻策の進められるなかで起こった事件だったのです。

現在の秀吉の墓にのぼる五百段の石段も、このときつくられました。そして、明治三十一年に豊公三百年祭という大々的なおひろめが行なわれたのです。

いま、秀吉の墓は豊国廟とよばれ、再び静寂《せいじゃく》をとり戻しています。日中はほとんど訪れる人もなく、墓にのぼる石段は昼なお暗く、女性の一人歩きはすすめられないほどの静けさです。

しかし、よく境内を観察すると、日清《にっしん》戦争戦勝記念の植樹とか、記念碑があちこちに見捨てられたように散らばっています。

やはり、秀吉は侵略の英雄としてよりも、農民から身を起こした立身出世の神様として祭られるほうがいい気がします。本人もそのほうが喜ぶと思いますが、どうでしょうか。

第九章のまとめ

・秀吉は自分の死後の葬地と葬礼について、次のように遺言していたようです。
まず、自分を人ではなく神として祭ること。神としての号（すなわち神号）を朝廷から賜わるようにはからうこと。自分の遺骸《いがい》は東山の阿弥陀ヶ峰に葬ること。

・徳川氏は、「豊国大明神」の神号も朝廷に奏請して取り消しました。代わりに「国泰院俊山雲龍大居士」という戒名を与えました。大居士と大明神では天と地ほどの違いがあります。大居士というのはあくまで人であり、神ではありません。それにひきかえ家康は、「東照大権現《だいごんげん》」という神の座を得たので、神・家康と人・秀吉の差は大きく開いたのです。

・幕府が滅びると、秀吉は明治の立身出世主義のシンボルとして、偉大なる先達《せんだつ》として再びもてはやされるようになったのです。明治政府は日本の大陸侵出政策の守護神として、秀吉を復活させたのです。

第十章

絢爛たる戦国の終焉、大坂城

◇物理力だけでは落とせない堅城

大坂城というのは不思議な城です。ひと口にいえば不運なのです。それも、かなり城にも幸運、不運があるのかと問われれば、あると答えます。それも、かなり明確なかたちで。

幸運な城の代表は江戸城です。築城以来、上杉、北条を経て徳川家康の持ち城になるまで、一度も落城の憂《う》き目に遭っていません。豊臣秀吉が北条討伐を行なったときも、この城は一兵も損をせず開城しています。

開城といえば、徳川幕府が滅亡したときも、そうでした。

ところが、この幸運な江戸城に比べて大坂城はまるで違います。

大坂城は、その城主を不幸に追い込む城であり、事実上三回も落城していま す。その三度の落城の際、それぞれの城主は、いずれも歴史の激動期に生きており、いずれもその敵から大坂城を放棄することを期待されていました。

そして敵の期待どおり、大坂城を放棄した二人の城主は天寿を全《まっと》うし、ただ一人退去を拒《こば》んだ城主だけは炎上した城とともに命を失ったのです。まるで「性悪女」のようなものです。早く手を切ればよし、切らねば地獄に引きずり込まれるのですから。

三人の城主について述べておきましょう。

最初の一人は、本願寺第十一世の顕如《けんにょ》です。原・大坂城ともいうべき石山本願寺城を築いた蓮如《れんにょ》の子孫であり、一向一揆《いっこういっき》の支柱として織田信長と戦いました。信長は、この堅固な城をついに落とせず、朝廷の権威を利用して顕如に明け渡しを迫りました。

顕如はこれを受け入れ、天寿を全うすることができたのです。

三人目は徳川最後の将軍慶喜《よしのぶ》です。

彼と戦った薩長は直接、大坂城の明け渡しを要求したわけではありません。そんな虫のいい要求をしても受け入れられるはずがないと思うのが常識だからです。ですが、大坂城はほしかったはずです。そこに幕府軍が籠もって抵抗すれば、たいへんなことになります。

だが、薩長の心配は杞憂《きゆう》に終わりました。朝敵の汚名を恐れた慶喜が、なんと大坂城を捨てて江戸へ逃げてしまったからです。

官軍の侵攻に対し、有力な防衛拠点となるはずの城は、完全に捨て殺しにされたのです。

ですが、私はこの「性悪女」を捨てた慶喜は賢明であったと思います。そうしたからこそ、彼は天寿を全うできたなどといえば、笑われるかもしれませんが、どうも大坂城は、そういう厄《やく》のついた城らしいのです。

顕如と慶喜は、いずれも城を捨てたことによって命を長らえました。ではそのとき、城はどうなったかというと、まるで城主の身代わりになったかのように、二度とも焼けているのです。それも原因不明の失火によってです。

こうなると因縁話のようですが、ほんとうだからしかたありません。

では、あくまで城の放棄を拒んだ二人目の城主はどうなったのでしょうか。それが豊臣秀吉の子秀頼《ひでより》です。

ここで、大坂城の名誉（?）のために付言しておきますが、大坂城（原・大坂城である石山本願寺城も含めて）は、けっして城としての性能が劣っていたわけではありません。

顕如（石川県立歴史博物館蔵）

というより、**むしろ大坂城はいずれの時代にも日本で最も堅固な城の一つでありました。どんな人間も魅入《みい》られるほどの堅固な城です。**

にもかかわらず、どうして三度も落城したのでしょうか?

驚くべきことには、この三度の落城はすべて正攻法によるものではありません。いずれも謀略や陰謀がからんでいます。

攻撃側の物理的兵力だけで落とされたのではないのです。いや、物理力だけでは落とせないことが、逆に大坂城の堅固さを証明しているともいえます。とにかく奇妙な城なのです。

◇家康の挑発と謀略術

さて、秀頼のことです。

その父で天下統一をなし遂げた秀吉が死んだあと、天下をねらう徳川家康は巧みに反対勢力を挑発し、石田三成《みつなり》らに関ヶ原の戦いの口火を切らせました。そして、この戦いに勝った家康は天下人となり、逆に豊臣家は一大名に転落したので

豊臣秀頼像（養源院蔵）

す。

それから十四年、家康はすでに息子秀忠《ひでただ》に将軍職を譲り、豊臣家に政権を渡す意思のないことを示しましたが、豊臣家はけっして徳川家に臣従しようとはしませんでした。

家康としては、なんとかして目の黒いうちに豊臣家を屈伏させたい。平たくいえば、家来として完全に服従させたいのでした。そうしておかねば、自分が死んだあと、豊臣家に天下を取り戻される心配もあります。

ところが、豊臣家にしてみれば、自分こそ天下の主だったというプライドがあります。現に、秀吉存命中は、家康は豊臣家の大老《たいろう》、すなわち家来だったのです。その家来に頭を下げるなど死んでもいやだ、と思ったでしょう。

だが、家康はなんとしても豊臣家を臣従させたかった、それがもし不可能なら、豊臣家を滅ぼすしかありません。

心ある者は、豊臣家が滅ぼされないためには、家康に臣下の礼をとるしかないと考えていました。では、具体的にはどうするべきなのでしょうか。

一つは、大坂城を渡すことです。

方広寺の鐘楼（京都・東山区）
家康に大坂の陣の口実を与えた銘がある

この東アジア最大の堅固な城にいては、ついつい豊臣家は徳川と戦おうという気にもなります。

もう一つは、江戸に人質を出すことでしょう。

豊臣家を除くすべての大名は、それを実行しています。徳川政権下の一大名として生きていくなら、それは当然行なうべきことでした。

だが、豊臣家はどちらもやる気はありませんでした。

それを知った家康は、ついに豊臣家を滅ぼすために積極的な行動に出るのです。

慶長十九年(一六一四)七月、家康は激怒しました。いや、激怒したふりをしました。

以前から家康は、豊臣家の財力をそぐために、淀殿《よどどの》や秀頼に寺社の復興をすすめていました。故太閤《たいこう》の供養《くよう》になるという口実です。

財宝は徳川との戦いのためにとっておくべきものであるのに、豊臣家はまんまと家康の手に乗りました。莫大《ばくだい》な費用を投じて有力な寺社を多数復興したのです。

その仕上げが京の方広寺《ほうこう》でした。方広寺は、故太閤秀吉が築いた日本一の大仏のある寺です。といっても、この大仏は奈良の金銅《こんどう》製の大仏とは違い、木造のものですが、大きさは日本一であり、豊臣家の栄華を象徴する寺でした。

その寺の梵鐘《ぼんしょう》に刻まれた銘文のうち、「国家安康、君臣豊楽」という部分に、家康は無法ないいがかりをつけたのです。国家安康とは「家康」の名を二つに切り、呪《のろ》いをかけたものであり、君臣豊楽とは「豊臣を君となす」との意だというのです。

豊臣家では、びっくり仰天《ぎょうてん》しました。

こんな読み方は、絶対にありえません。ところが、この家康のいいがかりを京五山の学僧や儒者《じゅしゃ》の林羅山《はやしらざん》まで支持する始末でした。

羅山にいたっては、銘文に「右僕射《うぼくや》家康公」（右僕射は右大臣の唐名）とあるのを「家康公を（弓で）射《い》る」と読んでみせました。まるで、やくざのいいがかりです。

違う時代の学者なら絶対にありえないと断言するはずです。いや、それ以前の常識です。

ところが、このときは家康の威光を恐れて、だれ一人正しいことをいいませんでした。

家康は学者の「保証」を受けて、豊臣家に方広寺落慶《らっけい》法要の延期を迫りました。

豊臣家では、弁明のための使者を立てることになりました。

いったい家康はどうしてこの時点になって、いままでの穏健な態度をかなぐり捨てて、むちゃくちゃな因縁をつけてきたのでしょうか。

もちろん挑発です。かつて石田三成を激発させて兵を起こさせ、それを討ち取ることによって天下を得たのと同じように、豊臣家を憤激させて先に戦端を開かせ、滅ぼしてしまうつもりだったのです。

ではどうして関ヶ原以後十四年間も我慢していたかというと、一つは豊臣家の財力を恐れていたのです。

秀吉という人は金儲《もう》けの天才で、大坂城には一代で築いた巨万の富が積まれていました。この金は一朝有事の際には何十万の兵を集める軍資金になるはずでした。

ところが、さしもの財宝も有力寺社の復興というばかげた事業のために、その多くを失っていました。

本来なら底をつくまで待ちたいところだったのでしょうが、家康のほうが七十の坂を越えてしまいました。

人生五十年といわれた時代です。ぐずぐずしてはいられません。

この間、豊臣家が家康に臣従する態度を示していたら、また話は違っていたでしょうが、そうでなかったことは先に述べました。

この時点で家康は、豊臣家を滅亡させる決意をほぼ固めていたと考えていいでしょう。

大坂城からの弁明の使者に立ったのは、重臣の片桐且元《かたぎりかつもと》と女官の大蔵卿局《おおくらきょうのつぼね》です。ところがこの二人、それぞれ別行動だったのです。

且元のほうは大坂城を守る豊臣家家臣の代表として、一方、大蔵卿局は淀殿の代理人としてです。

ここで家康はあざとい（小利口で浅ましい）手を使いました。且元には会おうとせず、家来に命じて叱《しか》りつけたのに対し、局には親しく面会し、「秀頼にはまったく悪意をもっていない」などと、おためごかしをいったのです。

さらに家康は局に向かって、実際には面会を許していない且元について、「はなはだ懇意にしている」といいました。

そうしておいて、二人をいっしょに大坂に帰したのです。

且元は結局、家康に一度も会えず、その怒りが深いことを知っています。だからこそ、豊臣家を救うためにはこれしかないという三つの方策を、大坂への帰途、大蔵卿局に示しました。

秀頼が大坂城を明け渡すか、秀頼が江戸へ詰める（参勤する）か、淀殿が江戸へ詰める（人質となる）かの三つです。

このどれか一つを選ぶこと、それこそが豊臣家の生き延びる唯一の道でした。

これは結局、豊臣家が他の大名と同じことをするということで、当時の常識ある人間ならばだれもが感じていたことです。

これを受け入れていれば、少なくとも一年後の滅亡はなかったはずですが、大蔵卿局は、これをまじめに考えようとはせず、あまつさえ一足先に大坂に戻り、「且元は家康のスパイにちがいない」と報告しました。

局自身は家康に会っています。そして家康は機嫌《きげん》よく応対してくれました。それなのに且元は、家康は怒っているというのです。

「なぜ、そんなうそをつくのか、それは且元がスパイだからだ」と、あさはかにも局は信じ込んでしまいました。

実際は、二枚舌を使ったのは家康のほうなのですが、局はまんまと騙《だま》されました。もっとも、これは且元にも責任があります。

且元は、この三つの方策を実行しなければたいへんなことになると思い（実際そうなのですが）、これは家康の内意だといってしまったのです。そうとでもいわなければ、淀殿や秀頼がまじめに考えてくれぬと焦《あせ》ったのでしょう。

が、そのうそがばれたときに、且元の言葉がすべて信用されなくなるという結果を招いてしまいました。

家康が大蔵卿局だけと会い、「且元とは親しい」と吹き込んでおいたことが、ここで生きてきたのです。

豊臣家が生き延びるためには、且元の言に従うのが最善の道だったのですが、家康の巧妙な二枚舌作戦により、且元の言はいっさい信用されなくなってしまいました。豊臣家は、ほんとうに必要な人材をみずから切り捨てる破目《はめ》に陥ったのです。

絶望した且元が城を出たとき、家康はついに重い腰を上げました。

◇火ぶた切る大坂冬の陣

その年の十月一日、家康は大坂征討のため、諸大名に出陣を命じます。

これに対して大坂方は、太閤恩顧の大名に檄《げき》を飛ばすとともに、浪人を募集しました。

だが、豊臣家に味方しようという大名は、ついに一人も現われませんでした。ですが、失うものをもたない浪人は違います。これを機に再び一旗揚げてやろうと、真田幸村《さなだゆきむら》、後藤又兵衛、長宗我部盛親《ちょうそかべもりちか》、薄田兼相《すすきだかねすけ》など名のある武将が続々と集まり、その数は雑兵《ぞうひょう》も含めて十万を超えました。

さて、この大坂城の規模を記しておきましょう。

いまある大阪城は、豊臣家の大坂城が焼亡した跡に盛り土をして痕跡《こんせき》を消し、

大阪城（大阪・中央区）
昭和６年に再建された五層七階の大天守閣

昭和六年に再建されたものです。豊臣時代の敷地はもっと広く、周囲合計は三里八町もあり、本丸、山里曲輪《くるわ》、二の丸、三の丸、惣構《そうがまえ》（最外郭の防壁）からなっていました。天守は九階あるいは十階建てともいわれ、十万の兵士のほかに女官ら非戦闘員も一万はいたとされています。

つまり、豊臣時代の大坂城の敷地は、現在の五倍あったということです。

この広大な城は、東、西、北の三方が自然の要害によって守られています。東は大和《やまと》川、北は淀《よど》川、西は大坂湾、唯一南側だけは平地なので、いくつも堀をつくっていました。

これは、いわば外堀ですが、本丸周辺は人工の内堀で囲まれています。

これだけでも攻略は難しいところへ、入城した真田幸村は、唯一の弱点ともいうべき南側に真田丸という出城をつくりました。しかも惣構の外にも数ヵ所の砦《とりで》をつくり、徳川方の来襲に備えたのです。

十月二十三日、京の二条城に入った家康は、秀忠の率いる軍勢二十万の到着を待ち、翌十一月十九日、ついに合戦の火ぶたを切りました。世にいう大坂冬の陣です。

真田幸村が作った真田丸跡

たちまち両者の大激戦がはじまります。はじめ徳川方は、惣構の外にある砦を次々に攻め落とし優勢だったのですが、惣構のところでつまずきました。天然の要害と真田丸が、大坂城内への侵入を断固阻止《そし》したのです。

さすがに天下の名城です。力攻めは難しい、そこで家康は三つの手を打ちました。

一つは、淀川の水を上流でせき止め、堀を干上がらすこと。

二つは、陣地から城内へ向かってトンネルを掘ることです。

しかし、この物理的作戦は、二つともうまくいきませんでした。淀川のほうはたしかにせき止めることができましたが、それだけでは堀が干上がらなかったのです。

この城を築城した秀吉は三国一の城攻め名人といわれた人です。さすがに秀吉の設計はみごとでした。川が入り組んでいる大坂の地形をうまく利用してあり、一つの川をせき止めたぐらいでは、堀の水はなくならなかったのです。

トンネルのほうは、さらに成果があがりません。やはり城の大きさが障害でした。外からでは、とても本丸近くまでトンネルは掘れませんでした。距離が長す

伝淀殿画像（奈良県立美術館蔵）

ぎ、当時の技術では無理なのです。

だが、家康はもう一つ手を打っていました。いかにも狸《たぬき》おやじらしい陰険な手です。そして、こちらのほうはまんまと成功しました。

それは城方の女どもを脅《おど》すという心理作戦でした。城方の弱点は、軍勢の総指揮者がいないという点です。秀頼はあくまで〝みこし〟であり、司令官の能力はありません。幸村あたりがその位置につけばよかったのでしょうが、雇われ兵士の立場です。最高の意思決定者といえば、お姫さま育ちで、ろくろく世間を知らない淀殿でした。家康はそこを衝《つ》きました。

毎日のように大砲で淀殿の寝所近くをねらい、夜は鉄砲を空撃《からう》ちさせて、安眠を妨害するようなことまでやったようです。

そのうちにたまたまの一発が、淀殿の居室近くにあたり、侍女《じじょ》が死ぬという成果を得ました。家康の幸運です。

淀殿は震え上がり、早期講和を命じました。

◇わずか三日で陥落――大坂夏の陣

問題は和睦《わぼく》の条件です。

はじめ徳川方は高姿勢で、淀殿が人質となること、大坂城を放棄すること、浪人を追放することの三つをもち出しました。

大坂方ではとうてい受け入れられません。それを受けるくらいなら、そもそも戦《いくさ》にはなっていなかったでしょう。

だが、淀殿が怯《おび》えて早期講和を望んでいる以上、交渉ははじめから徳川ペースにならざるをえません。

攻撃側では早期講和など、まるで必要ないからです。

そのうちに、徳川方から城の一部取り壊しを条件にもち出してきました。つまり徳川方の顔を立てるために城を一部取り壊し、そしてそれを土産《みやげ》に徳川方は兵を退くというものです。

結局、この線で話はまとまりました。家康はほくそ笑《え》んだにちがいありません。これこそ思う壺《つぼ》だからです。秀頼も淀殿も浪人たちも、城を出なくてよく、そのかわり城は本丸だけを残して、あとはすべて取り壊すということになりました。

秀頼も淀殿も、あまりにもこの城に固執《こしゅう》しました。それが命とりになったのです。

なんというばかな条件を受け入れたのだと、思う人もあるかもしれません。しかし、城方にも思惑《おもわく》はありました。

というのは、惣構や矢倉は徳川方の手で取り壊しますが、二の丸、三の丸は城方が壊すという約束になっていたのです。つまり、手抜き作業をして、家康の死を待とうという作戦でした。

ところが、役者は家康のほうが一枚も二枚も上手《うわて》だったのです。工事がはじまるや、家康は二の丸、三の丸にも大人数を差し向け、瞬く間にそれを取り壊し、内堀まで埋めてしまったのでした。

建物を壊したあと、その残骸《ざんがい》を堀の埋め立てに使うという、きわめて荒っぽいが確実なやり方でした。

「大坂夏の陣」(大阪城天守閣蔵)
黒田家が戦勝記念に描かせたもの

大坂方はむろん抗議しましたが、もともと二の丸も壊すというのは条件のうちです。抗議の腰もいまひとつ定まらないうちに、ついに押し切られてしまいました。

あとは本丸の建物がむき身のように残りました。こうなれば、勝敗は明らかです。

憤激した大坂方が再び兵を挙げようとしている報に接し、家康は翌慶長二十年(元和元年、一六一五)五月、大坂を攻めました。そして、わずか三日で大坂城は陥落したのです。

最後におもしろい話が伝わっているので、これを記しましょう。

大坂城を築き、得意の絶頂にあった秀吉は、諸大名を招き、この城は難攻不落だとさんざん自慢したあげくにいいました。

「この城を攻むるには、和を入れ堀を埋め塀を毀《こぼ》ち、重ねて攻むれば落つべし」

その席に家康もいたというのです。

あまりにもできすぎているので、フィクションではないかとする人も大勢いるのですが、私は案外実話であったのではないかとみています。

現代の心理学でも、得意の絶頂にある人間が、ついつい自分の弱点を口にしたりする傾向があると認めているのです。

家康は野戦の名人でしたが、城攻めは下手だという定評が、その時代すでにありました。

苦手《にがて》な城の攻め方を、名人とされるライバルの秀吉から習ったというのも、なんとも皮肉というか、人の世のおもしろさというか、興味が尽きない話ではないでしょうか。

第十章のまとめ

・大坂城は、その城主を不幸に追い込む城であり、事実上三回も落城していま
す。顕如と慶喜は、いずれも大坂城を捨てたことによって命を長らえまし
た。ではそのとき、城はどうなったかというと、まるで城主の身代わりにな
ったかのように、二度とも焼けているのです。あくまで城の放棄を拒んだ二
人目の城主はどうなったのでしょうか。それが豊臣秀吉の子秀頼《ひでより》です。
・慶長十九年（一六一四）十月二十三日、京の二条城に入った家康は、秀忠の
率いる軍勢二十万の到着を待ち、翌十一月十九日、ついに合戦の火ぶたを切
りました。世にいう大坂冬の陣です。
・大坂冬の陣の和睦では、秀頼も淀殿も浪人たちも、大坂城を出なくてよく、
そのかわり城は本丸だけを残して、あとはすべて取り壊すということになり
ました。
・家康は翌慶長二十年（元和元年、一六一五）五月、大坂を攻めました。大坂
夏の陣です。そして、わずか三日で大坂城は陥落したのです。

第十一章

四十万石を投げ出したお殿様、加藤明《あき》成《なり》

◇偏執狂の若殿と武骨の老臣

加藤家は賤ヶ岳七本槍《しずたけしちほんやり》で有名な左馬助嘉明《さまのすけよしあき》を始祖とします。もとは、加藤清正（同姓だがなんの血のつながりもありません）や福島正則《まさのり》といった連中と同様、豊臣秀吉の子飼いの部将でありました。

嘉明は朝鮮出兵でも功名をあげ、秀吉の死後は巧みに身を処し、徳川政権下で会津《あいづ》四十万石の大大名にのし上がりました。

同じ七本槍の仲間の加藤清正や福島正則も、関ヶ原の合戦で徳川方に味方した功により、それぞれ五十二万石、四十九万石の大大名となったが、これは一時のことで、しばらく間を置いて取りつぶされています。

しかし、嘉明は関ヶ原の功でいったん十万石から二十万石にされたあと、要衝の地会津を任せるために、新たに四十万石の地を与えられたのですから、徳川政権によほど信頼されていたのでしょう。清正や正則と違って、嘉明の加藤家は安泰であるはずでした。

加藤嘉明像（藤栄神社蔵）

ところが、その加藤家は嘉明の息子の明成《あきなり》の時代に、あっけなくつぶれてしまいます。世の中というのはうまくいかないものです。主人が悪かったのか、家来が悪かったのか、おそらく双方でしょう。ただ、両方ともばか殿、ばか家来だったのではありません。むしろ並以上の意地っ張りだったために、そういうことになりました。ここが他家のお家騒動と違うところです。

明成はけっして愚人ではありません。しかし、戦場を疾駆《しっく》し、槍《やり》ひと筋で四十万石を得た父に比べて、小さいころから若殿としてちやほやされて育ったためでしょう、わがままなところがありました。そしてもう一つは性格上の欠陥がありました。やたらに金に貪欲《どんよく》なのです。とくに、どういうわけか小判ではなく一分《いちぶ》金《きん》を集めるのが好きで、あまりに一分金を好むことから、官位の式部《しきぶ》少輔《しょうゆう》をもじって〝加藤式部〟ならぬ〝加藤一分殿〟などとよばれる始末でした。

大判小判というものがあるのに、どうして一分金などに執着《しゅうちゃく》したのでしょうか。ここにはなにか偏執狂的なものを感じないわけにはいきません。

このわがままで偏執狂的な主人に対し、筆頭家老《かろう》に堀主水《もんど》という男がいました。この男、先代の嘉明からの功臣です。

もともと多賀井主水といいました。大坂冬の陣で西軍の部将と組み討ちしたまま堀に転落したのですが、屈せずに首を取り功名をあげたというので、〝堀〟と改姓したのです。戦国武将にありがちな、相当にあくの強い性格だったようです。主水はさらに夏の陣でも手柄を立て、感激した嘉明は主水に采配《さいはい》を与えました。

采配――これは軍事指揮権の象徴です。現代でも〝采配を振るう〟という言葉が残っているくらいですから、戦国時代にはその感覚はさらに強烈だったでしょう。それを与えたということは、嘉明は主水に自分の代理権を与えたということです。つまり筆頭の家臣として、その地位を認めたということでもあります。

そのうちに嘉明が死に明成が跡を継ぎました。なんの苦労もなく、わがままに育った明成にとって、父も一目《いちもく》置いた老臣主水は相当に煙ったい存在であったでしょう。一方、主水のほうも嘉明に対しては遠慮もありましたが、明成はまだまだ青二才にしか見えないうえに、采配を与えられた筆頭家臣というプライドもあります。明成の政治になにかと口を出したにちがいありません。これに対して明成はいい感情をもつはずがなく、「家来のくせに」と思っただろうし、「主人はおれだ」とも思ったでしょう。
これで両者の仲が悪くならなければ、そのほうが不思議です。

◇国一つと首一つ

こまかい争いは数かぎりなくあったでしょうが、明成が家督を継いで八年後の寛永十六年（一六三九）夏、例の采配を明成が取り上げたことが直接のきっかけで、ついに堀主水は加藤家を出奔《しゅっぽん》することを決意しました。後世の言葉でいえば、「脱藩」です。

しかし、主水は戦国武士でした。一人こそこそと城下を出るような男ではありません。それどころか一族郎党《ろうとう》三百人を引き連れて白昼堂々と城門を出ました。それればかりではありません。主水は部下に命じて城に向かって一斉《いっせい》射撃を行なわせました。もちろん建物に向かってですし、かなり距離も離れていたので実害はありませんでしたが、これはまさに主家に「弓を引く」行為であり、デモンストレーションだからといって許される行為ではないでしょう。

もちろん、城方では憤激して討伐隊を送りましたが、主水もさるもの、追手《おって》を予想して途中の橋を焼いてしまったのです。

歯噛《が》みする追手をしり目に、主水らは悠々《ゆうゆう》と国境を越え、家来どもには暇を出し、主水は弟多賀井又八郎や妻子を連れて鎌倉に入りました。

そのころ、明成は江戸にいました。国許《くにもと》からの知らせを受けて激怒しました。

これは激怒するのが当然です。たとえ明成に落度があったにせよ、あくまでも主は主です。主家を去るのなら、いい捨てでもいいから一言挨拶《あいさつ》あってしかるべきです。勝手に出奔したばかりか、城に向かって発砲するとは、橋を焼くとはなにごとだ。そう思ったのも無理はありません。

明成はなんとしてでも主水を捕らえ処罰しようと決意しました。もし仮に明成がそうしたくなかったとしても、加藤家としては絶対に主水を見逃すことはできません。城に発砲したような〝逆臣〟をそのまま放置しておくなら、加藤家は武家として成り立っていかなくなります。けじめの問題です。

むろん明成は主水を放置しておくつもりなど毛頭ありませんでした。それどころか張りきって、ただちに主水討伐隊を鎌倉へ差し向けたのです。

主水もむざむざ討たれるようなへまはしません。足手まといになる妻子を有名な鎌倉の東慶寺《とうけいじ》に預けました。ここは女性保護を看板にしている寺格の高い寺で、縁切寺ともいわれました。大名でも迂闊《うかつ》に手は出せません。こうしておいて、主水自身は弟らとともに高野山《こうやさん》に駆け込んだのです。ここはさらに寺格の高い、弘法大師空海《くうかい》以来の霊場です。いかに四十万石の大大名といえども、この地に討手《うって》を差し向けるわけにはいきませんでした。

明成は主水の〝悪知恵〟に歯嚙みして悔《くや》しがったにちがいありません。そしてここから少しおかしくなるのです。明成はどうしても主水の首がほしくなりました。そこで幕府に「所領四十万石にかえても、高野山での主水捜索をお許し願いたい」と嘆願したのです。

所領四十万石にかえても——これはたんなる修辞だったのでしょうか、それとも本気だったのでしょうか。おそらく本気だったのでしょう。なにしろ〝一分殿〟です。自分の意に逆《さか》らい、城に鉄砲まで向けた家来を絶対に許せず、主水の首を得るためには、国を失ってもいいと思ったにちがいありません。同様の例があります。

東慶寺（鎌倉市）
江戸時代には駆込寺、縁切寺として有名であった

荒木又右衛門の助太刀《すけだち》で名高い伊賀《いが》越えの仇討《あだう》ちです。あれは岡山藩池田家で起こった事件でした。かたちとしては藩主池田忠雄《ただかつ》の小小姓《こごしょう》渡辺源太夫が同僚の河合《かわい》又五郎に殺され、兄数馬《かずま》が弟の仇の又五郎を討ったという事件ですが、裏に旗本《はたもと》と大名の対立があり、意地になった池田忠雄は死に際して、岡山藩と引き換えにしても河合又五郎の首を墓前に供えよ、と遺言したと伝えられます。

このへんがお坊ちゃん大名の限界でしょう。明成も池田忠雄も二代目です。いくら憎いといっても、国一つと首一つを引き換えにしてはなりません。いくら大名とはいえ、人民や国土をそこまで私物化してはならないはずです。**しかし、わがままに育った、生まれながらの貴族には、また別の正義があります。国も人も自分のために存在している、だからそれをどう使おうと勝手だという考え方です。たしかに明成はたんなるばかではありません。しかし君主として適格な人間でもなかったようです。**

その明成の嘆願を幕府は聞き届けました。「四十万石にかえても」という熱意が通ったのではなく、主従の秩序を乱す人間を放置しておいては幕府のためにもよくない、と考えたのでしょう。幕府は明成の兵が高野山に入るのは認めませんでしたが、かわりに圧力をかけて主水らを高野山から追放させました。

そこで逃げ場を失った主水は最後の手段に出ました。なんと将軍のお膝元《ひざもと》の江戸へ出て、大目付《おおめつけ》井上筑後守《ちくごのかみ》に「加藤明成謀反《むほん》の志あり」と訴え出たのです。

その内容ですが、加藤家は、そもそも豊臣恩顧の大名であり、大坂の陣のときも豊臣秀頼《ひでより》に通じていたというのです。そしていまも徳川家に逆心をいだき、城を勝手に修理したり兵を訓練している、というものでした。

これは、やはり根も葉もないでたらめだというのがほんとうのところでしょう。加藤家が幕府に信頼されたのは、関ヶ原以後、反豊臣の立場を貫いたからですし、主水自身、大坂の陣では奮戦しているのです。主水は明成憎さの余り、最大の罪である謀反罪を明成になすりつけようとしたのです。

だが、これがでたらめだという証拠に、訴えをいちおう受理した幕府では、審理の結果、主水の言い分はいっさいとり上げずに、不忠の臣として身柄を明成に引き渡しています。

当世風にいえば、明成側の全面勝訴です。このときに、もし少しでも謀反の疑いがあったとしたら、加藤家は幕府に取りつぶされていたはずです。だからやはり主水の訴えは苦しまぎれの讒言《ざんげん》とみるべきでしょう。

ようやく主水を捕らえた明成は狂喜しました。ここから明成の異常性格が遺憾《いかん》なく発揮されます。おそらく明成は主水を捕《つか》まえたら、どのように処刑してやろうかと、日々頭をひねっていたにちがいありません。たぶんそれは明成にとって愉悦《ゆえつ》の時だったのではないでしょうか。

明成は主水をしばり上げ輿《こし》に乗せ、昼夜を分かたず揺り動かすという手段に出ました。いわゆる「うつつ責《ぜ》め」です。

そんなことが苦痛に――と思われる向きもあるかもしれませんが、この「うつつ責め」というのは古来最も苦しい拷問《ごうもん》の一つであるとされています。主水は戦場を疾駆した百戦錬磨の勇士ですから、体を傷つけるような拷問には強い、と明成は考えたのでしょう。その予想は当たりました。

さすがの主水も音《ね》を上げたのです。ただ一言、謝罪の言葉をいわせてから首を斬るというのが明成のもくろみでありましたが、それは失敗しました。こうして寛永十八年三月二十五日、主水は江戸の藩邸で斬首《ざんしゅ》の刑に処せられました。出奔から二年後のことです。

◇領地返納の申し出

宿願の主水の首を得たのですから、このあたりで満足しておけばよかったのですが、調子に乗った明成は暴挙に出ました。鎌倉の東慶寺に兵を送り、主水らの妻子をむりやり強奪し、全員を処刑したのです。もちろん幕府の許可などいっさい得ていません。

これはやりすぎでした。そもそも妻子を殺すということもよくありませんが、東慶寺という幕府公認の聖域を侵したことがさらによくありません。これは幕府に対する挑戦、おおげさにいえば反逆であると受け取られてもしかたのない行為です。

幕府もこのあたりで明成を見かぎりました。

東北の要衝である会津藩四十万石を任せるだけの器量はないと見きわめたのでしょう。こうなると、あとは国替えか取りつぶしのどちらかにするしかありません。

しかし、それでもそれからなお二年、加藤家は無事でした。明成が将軍家光《いえみつ》の実弟保科正之《ほしなまさゆき》の女婿《じょせい》であったことが、多少有利に働いたのかもしれません。

そして寛永二十年四月、明成は前代未聞の申し立てを幕府に対して行ないます。

「病のため大藩を維持できない、封土《ほうど》を幕府に返納する」というのです。大名にとって命にもかえがたい領地を幕府に返してしまう、しかもその代償もいっさい求めないというのです。もちろん、加藤家の武士は全員失業して浪人となります。どう考えてもとんでもない話です。

一方、幕府にしてみれば、こんなおいしい話はありません。無理な国替えや取りつぶしをして恨みを買うよりは、はるかにいいでしょう。あっさりと明成の願いを受理しました。もっとも幕府もさすがに気がさしたのでしょうか、「男子があれば申し出よ、家名が立つように取りはからおう」と伝えましたが、明成は拒否しました。「家を継ぐ男子などいない」と突っぱねたのです。

じつはいました。妾腹《しょうふく》ですが男子が一人いたのです。幕府はわざわざこの者を召し出して、新たに一万石を与え家名を存続させました。

それにしても不思議なのは、明成がなぜこんなことをみずからいい出したかです。病のためなどではないでしょう。おそらく、舅《しゅうと》の保科正之あたりを通じて「このままでは取りつぶしに遭う、先手を取ってお上《かみ》の慈悲にすがるがよい」というような内容の申し入れがあったのではないでしょうか。

当然、わがままいっぱいの明成はおもしろくありません。そこで「そんなにほしけりゃ返してやる」とばかりに、領地返納を申し出たのではないでしょうか。つまり意固地《いこじ》になったのです。

そう考えてみると、外様《とざま》大名取りつぶしに熱心な幕府が、わざわざ家名の立つようにはからおうと答えた理由もわかりますし、意地を張った明成が「そんなお情けはけっこうだ」とばかりに子の存在すら隠したのだろう、という想像もつきます。

それにしても、明成がほんとうに幕府の袖《そで》にすがる気持ちがあったら、せいぜい国替えか領地半減ぐらいの処置ですんだのではないかという気もします。

諦《あきら》めが早く、財物に執着しないというのは、まさにお坊ちゃんの体質ですが、このお坊ちゃんの若殿に、戦国以来のハングリー精神そのままの家老《かろう》がついていたということが、加藤家のそもそもの不幸でした。

もし堀主水がいなければ、加藤家はあれほど大きくなれなかったでしょうし、逆に二代目になって家がつぶれることもなかったでしょう。**この一連の騒動を、激変する時代に対応できなかった人間の悲喜劇とみることも、また可能なのではないでしょうか。**

第十一章のまとめ

・加藤家は嘉明の息子の明成《あきなり》の時代に、あっけなくつぶれてしまいます。ばか殿、ばか家来だったのではありません。むしろ並以上の意地っ張りだったために、そういうことになりました。

・明成が家督を継いで八年後の寛永十六年（一六三九）夏、采配を明成が取り上げたことが直接のきっかけで、堀主水は加藤家を出奔《しゅっぽん》することを決意しました。その際、主水は部下に命じて城に向かって一斉《いっせい》射撃を行なわせました。

・憤激した明成は、幕府に嘆願し、主水を捕え斬首しただけではあきたらず、幕府に無許可で東慶寺に預けられていた主水の妻子を強奪し、全員処刑しました。これを問題視した幕府に対し、明成は意固地になって領土返納を申し出ました。

・諦《あきら》めが早く、財物に執着しないというのは、まさにお坊ちゃんの体質ですが、このお坊ちゃんの若殿に、戦国以来のハングリー精神そのままの家老《かろう》がついていたということが、加藤家のそもそもの不幸でした。

第十二章

「水戸黄門」はいかにしてつくり出されたか

◇正義の味方というけれど

水戸黄門というキャラクターは、非常に人気があります。老人から子どもまで男女を問わずに幅広い人気を誇っています。

これはとてもめずらしいことです。

歴史上の英雄、偉人数々あれど、それに対する支持層は片寄るのがふつうです。若い男女に人気のあるキャラクターは老人に人気がなく、老人の好きなキャラクターは若い男女に人気がないものです。

ところが黄門様はだれにも人気があります。

なぜでしょうか？

高貴の生まれでありながら下世話《げせわ》（世間でよく口にする言葉や話）に通じ、天下の副将軍でありながら諸国を漫遊し、悪政に苦しむ人々を救う。時は元禄、悪名高い犬公方《いぬくぼう》徳川綱吉《つなよし》と老中《ろうじゅう》 柳沢吉保《やなぎさわよしやす》の時代。犬や獣を人間よりたいせつにする政治が行なわれています。

黄門様は敢然《かんぜん》と江戸城に乗り込み、将軍綱吉を諫《いさ》め、老中柳沢吉保の悪巧《わるだく》みを粉砕する――とまあ、こんな、筋書きのドラマがえんえんと展開するのです。弱きを助け強きをくじく正義の味方、これなら人気が沸騰しても不思議はありません。

老人であることも、かえって老若男女すべての支持を集めやすいのかもしれません。しかし、夢を壊すようですが、これは全部講談です。講談とはなにか、いわゆる虚構であり、もっと身も蓋《ふた》もないいい方をすれば、でたらめであり、うそです。

水戸黄門という人は、けっして天下の副将軍ではありませんでしたし、諸国を漫遊してもいません。悪政になんの抵抗もできなかった、政治的敗者といってもいいでしょう。それどころか「黄門」とよばれたことすらありませんでした。

問題は二つあります。

まず一つめ。水戸黄門いや歴史上の実在人物である徳川光圀《みつくに》は実際にはどんな人間で、どんな生涯を送ったのでしょうか。

そうしてもう一つ。歴史というものを考えるのにはこちらのほうがより重要なのですが、どうして「敗者」光圀が「英雄」黄門となったのでしょうか。どのような理由があったのでしょうか。そのあたりを考察することで、歴史というものが立体的に見えてくるはずです。

◇幕府に「副将軍」という職はない!

光圀は寛永五年（一六二八）、徳川御三家（尾張、紀伊、水戸）の一つ、水戸家の当主徳川頼房《よりふさ》の三男として生まれました。

ところが、彼は若様として待遇されたのではありません。家臣の家で生まれ、家臣の子として育てられました。少年時代は野山で遊び、町民の暮らしもその目で見ています。**下世話に通じているというのはうそではなかったわけです。**

余談だが、「遠山の金さん」こと実在の名奉行遠山金四郎も、「暴れん坊将軍」徳川吉宗《よしむね》も、同じ育ち方をしています。人気の出る人物の条件の一つがこれかもしれません。そういえば、桃太郎侍《ざむらい》もそうだし、実在した「鬼の平蔵」もそうです。

徳川光圀像（徳川ミュージアム蔵）

ところで三男であった光圀ですが、運命のいたずらか水戸徳川家の跡を継ぐことになり、二代目藩主となりました。三代将軍家光《いえみつ》から「光」の一字をもらい、人生はまさに順風満帆《まんぱん》でありました。

ここで「天下の副将軍」について説明を加えておきましょう。

江戸時代の制度のなかに副将軍という職はありません。いまの総理大臣に当たる老中《ろうじゅう》の上に臨時に大老《たいろう》が置かれることはありましたが、将軍の補佐役としての副将軍など影も形もないのです。しかし、御三家の一つで江戸にいちばん近い水戸藩主には、他のどの大名にもない特権というか義務というか、定めが一つありました。

江戸時代の大名に参勤交代の義務があったことはご存じだと思います。本国と江戸屋敷を定期的に往復し、妻子はかならず江戸屋敷に置かねばならないというものでした。大名の謀反《むほん》を防ぎ財力を削《そ》ぐには、これほど有効な手段はほかにありません。御三家の尾張、紀伊の両家もこれを免れることはできません。

ところが、水戸家だけはそれをしなくてもよかったのです。**というよりも水戸藩主は江戸屋敷に常駐していなければならないのでした。「本国」のはずの水戸**

に帰るのには、幕府の許可すら必要としました。これを「定府《じょうふ》」の制といいます。

これが参勤交代をしなくてもよい「特権」と解すべきか、江戸在住の「義務」を課せられたと解すべきか、おそらく後者のほうでしょうが確かなことはわかっていません。しかし、なぜ水戸藩主が江戸にいなくてはならなかったのか、理由のほうは容易に想像がつきます。

つまり江戸になにか急変があった場合のおさえとしてでしょう。私だけではなく江戸時代の人間もそう考えていたようで、そのあたりから「水戸は天下の副将軍なり」という考えが出てきます。はじめにこれをいい出したのは、どうやら水戸藩の周辺のようです。そしてそのことは後世意識的に宣伝されたふしがあります。

この点についてはあとでふれますが、もう一つ注意していただきたいのは、**水戸は御三家の一つではありますが、三家のなかでは家格がいちばん下だということです。**

これは尾張、紀伊が徳川家康の第九男、第十男を祖としているのに対し、水戸家の祖は第十一男の頼房《よりふさ》（光圀の父）であることが原因ですが、石高でも水戸はわずか二十八万石（のちに三十五万石に加増）、官位は権《ごん》（副）中納言《ちゅうなごん》どまりで、六十二万石で権大納言まで進める尾張と、五十六万石で同じく権大納言に進める紀伊に差をつけられています。

江戸時代というのは秩序が固定された時代ですから、この席次は永久に変わりません。当然、江戸の総本家に人が絶えた場合は、尾張、紀伊の二藩から跡継ぎが出されることになります。水戸は家格が一段下だから除外されるのです。

のちに十五代将軍を継いだ慶喜《よしのぶ》は水戸家の出ではありますが、御三家に準ずる御三卿《ごさんきょう》の一つ、一橋《ひとつばし》家に養子に行き、そこから総本家に入ったのです。

自分の家はいざというときに将軍を継ぐ権利はない――これは尾張、紀伊に対する大きなコンプレックスになりえます。水戸がみずから「天下の副将軍」を任じ、将軍にはなれないにしても、いざというときの代理にはなることができ、将軍の跡継ぎ問題に発言権があると考えたのも、このあたりに理由があるのでしょう。

いや、もう一つ理由があります。

徳川綱吉像（法隆寺蔵）

光圀自身の行動です。光圀は、将軍跡継ぎ問題に乗り出し、自分の意見どおりに事を決着させました。それも天下の大老を向こうに回してです。それは延宝八年（一六八〇）のことでした。

四代将軍家綱《いえつな》が死にました。四十歳の若さです。しかも家綱には男の子がいませんでした。そこで跡継ぎ問題が生じます。このときは家綱に弟がいたので、御三家（尾張、紀伊）の出番はありませんでした。

本来ならば、弟（綱吉《つなよし》）が継ぐことになんの異議もないはずですが、幕閣の最高権力者の地位にある大老酒井忠清《ただきよ》がとんでもないことをいい出しました。京都から宮家の血筋を引く男子を迎えて仮の将軍として仰ごうというのです。

忠清がなぜそんなことをいい出したのか、その真意は謎《なぞ》です。しかし、彼自身の権力を失うまいとの意図が心底にあるのは間違いありません。徳川家に対する忠義という観点からみれば、将軍の弟がいるのに、徳川家以外の人間に将軍の座を渡すというのは反逆に近い所業です。

このとき光圀は、徳川家の親族代表として、大老の方針に猛反対し、見事にくつがえしたのです。綱吉はもう成年に達していましたし、学問は学者並みにでき人物もいい、少なくともそういう評判がありました。たとえ素行や体質に不安がある人間でも、将軍を継ぐ第一の条件は血統です。綱吉はほかに有力なライバルはいないですし、並み以上の人物であるということもあり、光圀の正論が通ったのです。まさに光圀は事実上の「天下の副将軍」として働いたのでした。

◇光圀は政治的敗者だった

しかし、光圀の順風満帆はここまででした。皮肉なことに光圀が強く推《お》して実現した将軍綱吉が、光圀の人生航路をじゃましはじめたのです。

綱吉は狂気の人でありました。彼の暴政を語るにはたった一つの事実を指摘すればよいでしょう。それは「生類憐《しょうるいあわれ》みの令」という前代未聞の悪法を実施したということです。動物愛護令などではありません。これは人間の尊厳というものを破壊した法律です。

詳しく説明するまでもなく、よくご存じのこととは思いますが、この法律がいかに元禄の世の人々を苦しめたのか、実例を二、三あげておきましょう。

子どもが吹き矢で鳥を殺したというので死刑という例があり、狂犬にからまれてやむをえず殺した者も死刑にされました。また綱吉の小姓《こしょう》が頬《ほお》にとまった蚊をたたきつぶし、その死骸《しがい》をつけたまま綱吉の前に出ました。そのためその身は遠島《えんとう》、家は取りつぶしに遭ったという例もあります。

この時代、お家断絶ということは、武士にとって最も苛酷《かこく》な刑罰でした。それをたかが蚊一匹殺しただけで科したのです。

しかも、この法の施行の動機というのが、ふざけています。綱吉に男子が生まれず悩んでいるところへ、護持院隆光《ごじいんりゅうこう》というおべんちゃら坊主が、前世の因縁のせいであり、犬を大事にすれば立派な跡継ぎが生まれるなどと出任せをいったからでした。綱吉は隆光のすすめるままに、犬や獣を人間以上にたいせつにする法律をつくりました。それも子どもがほしいという自分一人の欲望を満たすためです。

強調しておかなければいけないのは、**この悪法「生類憐みの令」は綱吉が死ぬまでずっとつづいたということです。**綱吉が生きている間は、この野蛮《やばん》で残酷きわまりない法律にだれ一人反抗することはできませんでした。

それが真実なのです。

光圀を政治的敗者とよんだのは、これが理由です。結局、光圀は綱吉の悪政を正すことはできなかったのです。もっとも光圀ただ一人に責任を負わせるのは酷かもしれません。そんなことはだれにもできなかったのですから。

ちなみにこの悪法を廃止したのは、綱吉の死後六代将軍となった家宣《いえのぶ》です。光圀はみずから強く推した綱吉が将軍の座について以来、「副将軍」らしいことはなに一つできなくなってしまったのです。綱吉は恐るべき独裁者となってしまったからです。

当然ながら、全国を自由に旅することなどできるはずもありません。本国に帰るのすら許可がいるのです。おそらく光圀は江戸と水戸を生涯に数回往復しただけでしょう。あるいは武士政権の発祥地である鎌倉を訪ねたことはあったかもしれません。しかし、箱根の関を越えたことはないと思います。江戸時代というのは大名に旅行の自由はありません。旅行もしないのに、助さん格さんがいたはずもありません。

もっともこの助さん格さんについては、根も葉もないでたらめではなく、根ぐらいはあるようです。講談の格さんこと渥美格之丞《かくのじょう》、助さんこと佐々木助三郎《すけさぶろう》、この二人に対し安積覚《あさかかく》、佐々介三郎《さっさ》という人物が実在しました。それも光圀の側近としてです。

ただし武芸の達人だったわけではなく、学者でした。専門は歴史つまり日本史であり、佐々介三郎のほうは史料を求めて全国を旅したようです。湊川《みなとがわ》（神戸市）に楠木正成《くすのきまさしげ》の碑を建立《こんりゅう》したのも彼だといわれています。もちろん光圀の指示を受けてのことです。

楠木正成は、朝廷が二つに分かれた南北朝時代、後醍醐《ごだいご》天皇の知遇を受け、建武《けんむ》の中興に尽力し、一度は天皇親政を実現しましたが、室町幕府の創始者足利尊氏《あしかがたかうじ》の反撃に遭って湊川で戦死したという悲劇の英雄です。

明治から大正そして戦前の軍国主義の時代にあっては、楠木正成とは天皇家に絶対の忠誠を尽くした家臣、模範とすべき忠臣としてだれ知らぬ者がいないくらいでした。

明治政府が天皇の政権であったことから、楠木正成の事績が盛んに紹介、喧伝《けんでん》されたわけですが、では江戸時代はどうだったかというと、完全に埋もれた存在

楠木正成像（楠妣庵観音寺蔵）

であったのです。

徳川幕府というのはいうまでもなく武家政権であり、室町幕府の流れを汲《く》むものです。つまり天皇家（公家《くげ》）をおさえつけた政権です。だから、武士でありながら公家政権樹立のために戦った正成は、幕府側からみれば敵ということになります。それゆえ、忘れ去られた存在であったのでした。

◇幕府滅亡のタネを蒔《ま》いた？

ところが、この武家政治（幕府）の敵ともいうべき楠木正成を、光圀はなぜわざわざ賞揚したのでしょうか。

ここで光圀の文化史上の業績にふれなければいけません。『大日本史』の編纂《へんさん》というのがこれです。

『大日本史』は全部で三百九十七巻に及ぶ大部の史書です。神武《じんむ》天皇から後小松《ごこまつ》天皇（在位一三八二〜一四一二）まで、中国の『史記』を模範とした体裁です。編纂の基本理念は朱子《しゅし》学の大義名分論でした。もちろん短期間にできるものではありません。おおぜいの学者を集め全国に史料を求め、何年もかかって少しずつ本文をつくっていきました。安積覚も佐々介三郎もそのために集められたのです。費用は全部水戸藩もちでした。この史書は当然ながら光圀の在世中には完成せず、全部が完璧《かんぺき》なかたちでできたのは、なんと明治になってからのことでした。

それだけの大事業を、なぜ光圀ははじめたのでしょうか？

御三家の一つとはいえ水戸藩はけっして裕福な藩ではありません。しかも、日本史の編纂などというのは元来国家事業です。幕府がやるべきものでした。それなのに光圀は、幕府に命令されたわけでもなく、援助を受ける見込みもなかったのに、この大事業を開始したのです。自分の藩を財政的窮乏《きゅうぼう》に追い込むかもしれない事業を、です。

この情熱はいったいどこから来たのでしょうか。

ここに「水戸黄門」の謎を解く重大な鍵《かぎ》がひそんでいるような気がしてなりません。

通説では次のようにいわれています。

無頼《ぶらい》の日々を送っていた若き日の光圀はある日、中国の『史記』を読んでいたく感動します。そして、日本にもこのような立派な通史があるべきだと史書編纂の志を立て、振る舞いをおさめるようになった――というのです。

しかし、私はこれこそ「講談」だと思います。光圀に歴史編纂の志が若いころからあったことは認めてもいいでしょうが、あれほど大がかりな史書にしたというのは、またなにか別の理由があるのではないでしょうか。

その理由について、私はまず『大日本史』全体を貫く史観である大義名分論に注目します。大義名分――現在でも「君の行動には大義名分がない」などという使い方をしますが、本来は儒教《じゅきょう》（朱子学）の用語であり、「人として、また臣民として守るべき節義と分限」（『広辞苑』）のことです。平たくいえば、君主の存在を認めたうえでの、家臣として守るべき道のことです。

では君主とはなんでしょうか。朱子学ではそれを王者と覇者《はしゃ》に分けます。覇者とは今日「セ・リーグの覇者」などという使い方をしますが、本来は「武力、権謀を用いて天下を取った者」のことです。つまり悪い意味なのです。

これに対して王者とは「仁徳を根本とした政治を行なう君主」のことです。朱

ＪＲ水戸駅前に建つ水戸黄門像

子学の認める正統なる君主はもちろん「王者」にほかなりません。そして覇者は滅び、王者が栄えるべきだというのが結論になります。

この朱子学のイデオロギーを日本に移入したのは徳川家康でした。彼が御用学者の林羅山《はやしらざん》らに命じて朱子学移入の端緒を開いたのは、たんなる学問好きが理由ではありません。それは端的にいえば「明智光秀《あけちみつひで》の出現を防ぐため」でした。**徳川幕府を永続させるためには反逆を許してはなりません。そのために君主に対して絶対の忠誠を説くイデオロギーが必要でした。家康は幕府の公式イデオロギーとして朱子学を選んだのです。**

ところが、この朱子学が結局は幕府を滅ぼすもとになったのですからおもしろいのです。まさに歴史の皮肉というべきですが、それは先ほど述べた王者の定義に関係があります。

日本人は海外から思想を移入したとき、よくその思想の原形はもとから日本にあったのだといいたがります。これはおそらく本家に対するコンプレックスのなせるわざだと思いますが、たとえば民主主義を移入したあと、本来の民主主義は日本にも昔からあったというようないい方です。朱子学についてもそれが出てきました。その学者たちの主張を現代風にまとめてみると、次のようになります。

「中国中国と偉そうにいうが、中国には朱子学の定義する本来の君主（＝王者）がいるのか？　いないではないか。なぜなら漢にしても元《げん》・明《みん》・清《しん》にしてもすべて前の王朝を力で滅ぼして取って代わっている。すなわち覇者だ、王者ではない」

ここまではいいでしょう。問題はその後、朱子学のイデオロギーを日本にむりやり当てはめたことです。

「では日本を見てみよう。日本には真の王者がいる。万世一系の天皇家である。これは中国の王朝と違って途切《とぎ》れもせず国のはじめからある。これこそ朱子学のいう真の王者である。すなわち日本のほうが本来の中国（ここでは文明国の意味）である」

後段などはまさにコンプレックスまる出しという気がしますが、それはいいとして、問題は前段です。この考え方を突きつめていくと、いったいどういうことになるのでしょうか。ちょっと考えてみていただきたいのです。これは幕府にとってはとんでもない危険思想なのです。

日本を現実に支配しているのはだれでしょうか？　それは幕府の親玉である将軍です。では将軍というのは王者（＝正統なる君主）なのでしょうか？　朱子学を日本流に解釈すると、そうはなりません。

王者というのは天皇家のことです。したがって徳川家は覇者ということになります。覇者（徳川家）は滅び去り王者（天皇家）が栄えるべし、というのが結論になるのです。つまり倒幕思想になってしまうのです。

もちろん江戸時代の真ん中で倒幕などと叫べば、文字どおり首が飛びます。だから、朱子学者たちも幕府滅ぶべしなどとは一言もいっていませんが、そのタネは確かに蒔《ま》かれていたのです。家康もまさか幕府の支配強化のために移入した思想が、その屋台骨《やたいぼね》を揺るがすとは夢にも思わなかったでしょう。

このタネはのちに大きく実を結びます。幕末の尊王思想、勤王の志士のイデオロギーの根拠はまさにここにあるのです。

覇者にすぎない幕府（将軍）が、真の王者たる天皇家を圧迫している。けしからん、天皇家に政権を返すべきだ――というのがその主張です。

明治維新というのは、アジアを植民地化しようとする欧米列強に対し、日本が対抗できるように国家を変革したということですが、**国内的には朱子学イデオロギーの正統論争でした。**

幕府最強の将軍慶喜《よしのぶ》は水戸家の出身であることは先に述べました。この将軍は、将軍でありながら尊王思想の熱烈な信奉者であり、それゆえに大政奉還、江戸城無血開城が実現したといえます。彼はみずからのイデオロギーに忠実に従い、そして幕府の幕を引いたのです。

◇今世がだめなら来世があるさ

さて、朱子学の正統論について長々と述べてきたのには理由があります。賢明な読者はもうおわかりかもしれません。この論理を頭に入れて考えていただきたいのです。

光圀が、湊川に楠木正成（＝天皇家に対する忠臣）の碑を建てたこと。

同じく、大義名分論を根本史観とした大部の史書を編纂したこと。

この二つの仕事の意味をじっくりと考えてください。

この二つはいずれも尊王思想の賞揚です。

では、当時の日本において尊王思想を突きつめると、いったいどういう結果を生み出すか？　歴史を編纂するということは、たいへんな事業です。文化的事業であることから、そのはじめるにいたった動機も美しいと考える人が多くいます。こう考える人は幸せな人です。

光圀は「正義」の許されぬ世にいたのです。

「生類憐みの令」が人間の尊厳を破壊する法であり、ただちに廃されるべきものであることは、光圀も十二分にわかっていたにちがいありません。しかし、彼は皮肉なことに、その悪法を施行している将軍の家来なのです。家来としては主君に従わねばなりません。

だが、その君主は暴君なのです。どうして命をかけて諫言《かんげん》しなかったのか、などというのは、将軍というものの絶対権力を知らない人間のたわ言です。しかも日本的忠義からみれば、主君がどんなめちゃくちゃなことをいっても、ごもっともと従わねばならないのです（このあたりは中国とまるで違います。中国では主君が天道にはずれた行ないをしたら、かならず諫《いさ》めなくてはなりません）。

しかし、心のなかの憤《いきどお》りは頂点に達したでしょう。この憤りの捌《は》け口はどこに求められたのでしょうか。

現世では正義を実現できないとしても、後世の正義の実現のためのタネを蒔《ま》くのです。もちろん光圀の正義とは朱子学における正義、すなわち大義名分を確立し、尊王斥覇《せきは》（王者を尊び覇者を排斥する）を進めることです。

それがどういう結果を招くか、光圀はおぼろげながら自覚していたのではないでしょうか。そしてその意図は、奇《く》しくも水戸家出身の将軍十五代慶喜によって実現されたのです。

◇みんな「正義の味方」がいてほしかった

もう一つの問題、光圀が「水戸黄門」として、どうして悪政と戦うヒーローとなったのかですが、この解明の鍵《かぎ》もやはり暴君綱吉にあります。

綱吉にはだれ一人逆《さか》らうことができませんでした。彼は暴政を死ぬまで貫き通したのです。しかし、民衆というものはそうした歴史を好みません。

史実はあくまで「悪が栄えた」のですが、そこに「正義の味方がいた」と思いたいのです。しかし、まったくなにもしていない人間をヒーローにすることはできません。では、ヒーローになる（される）条件とはなんでしょうか。なんでもいいのです。少しでも綱吉に反抗したという事実があればいいのです。

この点、最も象徴的なヒーローは赤穂《あこう》浪士でしょう。

この赤穂浪士の討ち入りは、光圀の死後ではありますが、同じ綱吉の治世に起こっています。経過についてはよくご存じのことと思いますが、ここで注意していただきたいのは、あれは「敵討《かたきう》ち」ではないということです。

えっ？　と聞き返す人がいるかもしれませんが、よく考えてもらいたいのです。

赤穂浪士の主君浅野内匠頭《たくみのかみ》は吉良上野介《きらこうずけのすけ》に殺されたのではありません。吉良が浅野を殺し、その吉良を赤穂浪士が討ったというなら、たしかに「敵討ち」です。しかし、実際はどうでしょう。未遂に終わったが殺そうとしたのは浅野のほうです。吉良は被害者です。**しかも、浅野を殺したのは死刑と宣告した幕府、というより将軍綱吉です。敵を討つというなら綱吉を殺さねばならないでしょう。**

赤穂浪士により襲撃された本所松坂町の吉良邸跡（東京・墨田区）

こう書けばおわかりだと思います。

あの事件において吉良はじつはスケープゴート（身がわり）なのです。ほんとうに非難されるべきは、ろくな取り調べもせずに即日切腹を命じた綱吉です。吉良はむしろ綱吉への当てつけとして殺されたのです（あるいは、これだけの説明では納得《なっとく》されない方も多いかもしれません。詳しくは、『逆説の日本史〈14〉近世爛熟編 文治政治と忠臣蔵の謎』〈小学館〉に書いておいたので、興味のある方はそちらをごらんください）。

もちろん民衆はその行為のなかに「将軍への反抗」を嗅《か》ぎ取りました。だからこそ彼らは大人気を博したのです。その人気は暴君への反感の裏返しであることはいうまでもありません。

当時は自由な言論のない時代です。「いまの総理大臣はばかだ」といまなら堂々と書けますが、当時同じことをいったら首が飛びます。だから綱吉への反抗は、それとわかるかたちで出てきません。このへんが歴史を読むのにたいせつなポイントになります。元禄という世が、日本史上まれな享楽《きょうらく》の時代だったということも、綱吉という存在をキーにすればわかってくるのではないでしょうか。

話を光圀に戻しましょう。

つまり「水戸黄門」というのは、歴史上実在の徳川光圀に、「こうあってほしかった」という理想を投影したものなのです。

実際はそうではありませんでした。

しかし、そうあってほしかったのです。

江戸城にずかずかと上がり込み、将軍綱吉をやりこめ、老中《ろうじゅう》柳沢《やなぎさわ》をやっつける。地方を漫遊して悪代官を懲《こ》らしめる。

実際はそうでなかったからこそ、そうあってほしいという願いが強まったのです。そして、水戸黄門の仁徳を賞賛することは、結局綱吉が暴君だということを暗に強調しているのです。

これも言論が不自由な時代に「将軍はばかだ」という方法の一つです。

われわれはいまこういう「方法」の必要のない時代に生きているので、その感覚を失ってしまっているのです。

◇「水戸黄門」売り出しには黒幕がいた

さて、ここでもう一つ疑問がわきます。

赤穂浪士はその行動により、綱吉の在世中からたいへん人気がありました。では、「水戸黄門」もそうだったのでしょうか?

それはどうも違うようです。どうやら「水戸黄門」についていえば、その売り出しには黒幕がいるらしいのです。

それは水戸のもう一人の「御老公」徳川斉昭《なりあき》です。彼は幕末における水戸藩主でありました。そして、どうも彼が講釈師に金をやり、盛んに「黄門物語」を語らせ人気を煽《あお》ったふしがあるのです。

どうしてそんなことをしたのかといえば、先に述べた水戸藩のコンプレックスを思い出してください。水戸からは将軍を出せないというあれです。

ところが、どうも斉昭は幕末の混乱に乗じて将軍になりたかったらしいのです。その準備段階のプロパガンダ(宣伝)として黄門の話を選んだのです。水戸

徳川斉昭（京都大学附属図書館蔵）

藩は家康の孫である光圀を先祖にいただく血統正しい藩であること。光圀は将軍になってもおかしくないような（いや同時代の将軍よりははるかに立派な）君主であったこと。

この二つを宣伝したかったのでしょう。過去のことをいっているようで、じつは現在のことをいっています。すなわち（光圀が綱吉よりすぐれていたように）斉昭は、現将軍より名君であるということなのです（直接、現将軍はばかだとはいえません）。

斉昭は将軍になれませんでしたが、その息子で一橋家に養子に行き、結局十五代将軍となった慶喜は、先祖の光圀がタネを蒔いた尊王思想にがんじがらめにされ、結局幕府を終わらせることになりました。

歴史というものはほんとうにおもしろいものです。

最後になりましたが、「黄門」という称号について述べておきましょう。

黄門とは中納言《ちゅうなごん》の唐名《とうみょう》（中国風のいい方）だといわれています。もちろん普通名詞であり、黄門というのは一人でないはずです。しかし、関白《かんぱく》をやめた人間の称号「太閤《たいこう》」が豊臣秀吉一人に独占されているように、黄門も光圀に独占されています。それはいいのですが、はじめに述べたように水戸家に生まれた者がのぼれる最高の位は権《ごん》（副）中納言であり、けっして中納言ではありません。光圀も権中納言です。

どうして権中納言にすぎない徳川光圀が「水戸黄門」になったのでしょうか？

おそらく斉昭あたりが勝手に昇進させたのでしょう。

「副将軍」斉昭が将軍なりたさに、先祖の権中納言光圀を水戸「黄門」にした——そう考えると、水戸黄門というのもなかなか象徴的な名です。

第十二章のまとめ

・水戸黄門という人は、けっして天下の副将軍ではありませんでしたし、諸国を漫遊してもいません。悪政になんの抵抗もできなかった、政治的敗者といってもいいでしょう。それどころか「黄門」とよばれたことすらありません。

・朱子学では、覇者とは「武力、権謀を用いて天下を取った者」のことです。これに対して王者とは「仁徳を根本とした政治を行なう君主」のことです。そして朱子学の認める正統なる君主はもちろん「王者」にほかなりません。覇者は滅び、王者が栄えるべきだというのが結論になります。

・光圀は「生類憐みの令」が人間の尊厳を破壊する法であり、ただちに廃されるべきものであることは、光圀も十二分にわかっていたにちがいありません。心のなかの憤《いきどお》りは頂点に達したでしょう。現世では正義を実現できないとしても、後世の正義の実現のためのタネを蒔《ま》くのです。もちろん光圀の正義とは朱子学における正義、すなわち大義名分を確立し、尊王斥覇《せきは》（王者を尊び覇者を排斥する）を進めることです。

第十三章

使い捨てられた
テクノクラート大久保長安

◇時代の流れに乗った男

大久保長安《ながやす》は、徳川家康の家臣団のなかでもきわめて異色な存在です。

まず第一に長安は経済官僚であり、今日の言葉でいうテクノクラートでした。

しかも三河《みかわ》(愛知県)出身ではありません。

もともと三河の大名だった徳川家康には、三河武士団という勇猛な戦士たちがいました。この三河武士らはきわめて忠義に厚く戦争に強い、頼りになる部下にはちがいありませんが、一言でいってしまえばたんなる軍人です。軍人には戦争はできても、経済運営はできません。

この点、織田信長や豊臣秀吉とはずいぶん違います。彼らははじめから経済を強く意識し、その運営を行なう人材を求め育てていました。天下人となるには、それがぜひとも必要なことだったのです。

これに対して家康は、はじめは天下を取るつもりはありませんでした。それゆえに家康は優秀な軍団の司令官であればよかったので、勇猛な戦士は必要でも有能な経済官僚は必要ありませんでした。三河武士団というのは、まさにその目的にぴたりと合致していたのです。

しかし、家康が実力をつけ天下人となる機会がめぐってくると、そうはいきません。ただ戦争に強いというだけでは天下は取れません。いや、それだけで天下を取れたという時代は一度もありませんでした。**軍事力というのは一面経済力でもあります。有能な人材、優秀な武器などというものは、経済力があってこそ集まるものです。**

家康はそれを信長や秀吉から学んだのでしょう。彼も有能な経済官僚を得ようとしました。ただ、残念ながら、彼の出身三河は当時の後進地域で、そういうことができる人材がいません。そこで、三河出身者のファミリー的結束を誇っていた徳川家も、外部から人材を求めるほかはなかったのです。

そもそも軍人は官僚を、「文弱の徒」として侮蔑《ぶべつ》する傾向にあります。戦国時代はとくにそうだったでしょう。あの、最も経済を重視した豊臣家ですら、加藤清正らの武人派と石田三成《みつなり》らの文人派とが対立し、関ヶ原の戦いの遠因となったほどです。

それならば、それよりもさらに武骨な軍人の集団だった徳川家では、長安の立場はどうだったのでしょう。「あいつめ、戦場で手柄なく三河者でもないくせに、大きな顔をする」、たぶんそんな冷たい目で見られたでしょう。おそらく間違いありません。というのは三河生え抜きの老兵で、三代将軍家光《いえみつ》の時代まで生き残った大久保彦左衛門《ひこざえもん》が、同じようなことを書き残しているからです。

彦左衛門の時代は、もはや戦争はなく経済官僚が優遇される世の中になっていました。彦左衛門の時代は「軍人」のほうが少数派ですが、長安の時代は違います。「他所者《よそもの》」のうえに「ほんものの武士ではない」とでもいわれ、かなり肩身の狭い思いをしたのではないでしょうか。じつはこのことが彼の運命に暗い影を落とすことになります。

しかし、それでも、家康は長安を重く用いました。彼が天下取りになくてはならない、抜群の能力をもった官僚だったからです。徳川家は豊臣家と本格的に対立し、最後には豊臣家を破って天下を取ります。この期間、肥大化する徳川家の財政運営を支えたのは、長安一人であるといっても過言ではありません。なにしろほかにそんなことのできる人間は、徳川家にはいないのですから、長安の功績がいかに大きなものか、これである程度わかっていただけると思います。

◇武士になった猿楽師《さるがくし》の子

では、長安は具体的にどのような方法で、徳川家の屋台骨《やたいぼね》を支えたのでしょうか。

それを理解するためには、彼の経歴を知る必要があります。

はじめに「テクノクラート大久保長安」といいました。テクノクラートとは「技術者出身の行政官」のことですが、戦国時代に人材多しといえども、こういうよび方ができるのは彼しかいません。というのは彼は当時の日本で第一級の鉱山技術者であったからです。

鉱山技術者のことを当時の言葉で「山師《やまし》」あるいは「御山師《おやまし》」といいます。いまでは悪い意味に使われることもありますが、もとは鉱山技術者、とくに探査をする技術をもった人々をさす言葉でした。俗にいう「一山あてる」というのがそれです。素人目《しろうとめ》にはなんの変哲もない山、そこから金《きん》が出ることを、長年の経験と独特の勘で見抜くことのできる者。これがどんなに貴重な人材かわかるでしょう。

しかも長安はその山から金を採掘し精錬するだけでなく、鉱山自体を一つのシステムとして経営する才能もありました。もちろんこれは領国経営にも使える才能です。

さらに長安は灌漑《かんがい》治水の技術、つまり農業土木の分野でも優秀な技術者でした。これは土地や耕地の開発もできるということです。家康が重宝するはずです。

では、長安はそういう技術者の家系に生まれたかというと、これが全然違うのです。彼の前身はなんと役者でした。

長安は天文十四年（一五四五）に大和《やまと》（奈良県）の金春座《こんぱるざ》の猿楽師の子として、武田信玄の領国の甲斐《かい》（山梨県）に生まれました。おそらく武田家お出入りの猿楽師の子だったのでしょう。若いころは大蔵藤十郎とも十兵衛ともよばれたようですが、これは一種の芸名のようなものであり、もとより武士ではありません。

　ところが、やがて武田信玄の目にとまり、武士として取り立てられます。武田家では土屋という姓を名乗っていたようです。

　戦国時代の甲斐国は、先に述べた農業土木（灌漑《かんがい》治水）や鉱山開発の技術では、日本一の水準を誇っていました。釜無《かまなし》川、笛吹《ふえふき》川の信玄堤は、いまにいたるまで治水工事の模範とされていますし、鉱山開発のほうは甲州金《こうしゅうきん》で有名です。武田家の経済力の二大支柱といってもいいでしょう。これがあればこそ信玄は一時天下を取る勢いを示したのです。

　長安はこの技術者集団（金山衆《かなやましゅう》）に近いところに配属されました。それは、たぶん長安自身の希望によるものでしょう。槍《やり》を取って武者働きが好きならば、武田家ではそれを生かす場はいくらもあります。しかもそのほうが人気もあるのです。それなのに、いわゆる軍人の道を選ばなかったのは、やはり技術畑のほうに適性があったと考えるべきです。

◇忍者だった？　長安

あるいは、ひょっとすると、長安はもともとそういう世界の人間だったのかなという気もします。もちろん正当な歴史書にはないことで、小説家の空想と笑われるかもしれませんが、長安は広い意味での忍者の系統ではなかったのでしょうか。というのは彼が猿楽師出身だからです。

技術者と能楽師、まして忍者などというものは、まったく関係がないようにみえます。たとえば現代では能役者の子として生まれたが、エンジニアになったという人は、あまりいないでしょう。しかし、日本の中世はそうでもありません。たとえば能楽と忍術の関係について、海音寺潮五郎氏は次のように述べています。

「お能の能楽師の観世《かんぜ》氏らは本姓は服部《はっとり》です。服部半蔵の話でもわかるように、伊賀《いが》は服部姓の多いところです。二代将軍秀忠《ひでただ》の生母西郷局《さいごうのつぼね》お昌《まさ》の実父は服部平太夫といって家康につかえていた伊賀者（忍者）でありましたが、その前身は

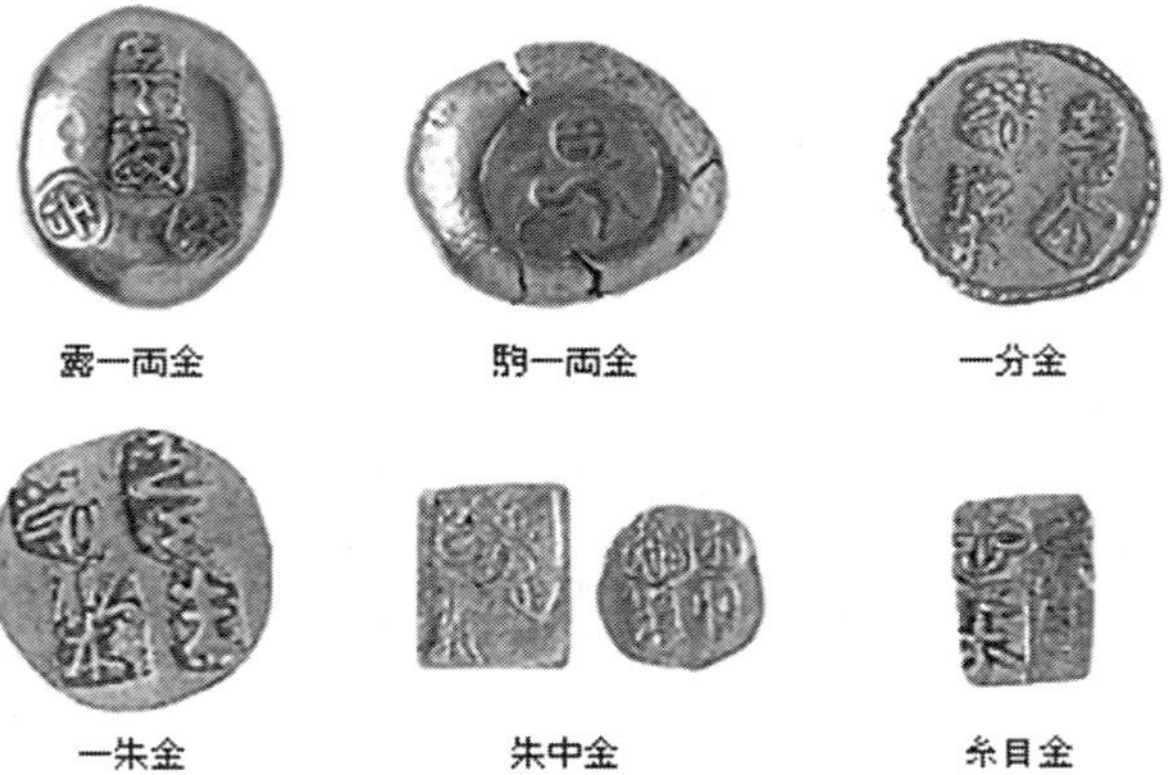

甲州金各種（山梨中銀金融資料館蔵）
徳川時代になっても甲州金は鋳造を認められ流通した

中楽師《さる》（能役者）だったというのです」（『史談と史論』一部省略して引用）

紙数に限りがあるので、これくらいにしておきますが、要するに日本の芸能の担《にな》い手というのは、一面で忍者であり隠密《おんみつ》（スパイ）だった可能性が高いということです。ちょうどヨーロッパのロマ（ジプシー）を思い浮かべていただければ話は早いですが、このように定着せず旅から旅へ芸を見せて生活している、そのような集団は日本にもありました。いまでいうサーカスのようなものです。

演目は剣投げ、奇術、催眠術、縄渡りなどです。これは小屋で料金を取って見せるから「芸能」なのですが、外で依頼主のために個人的にやればどうなるでしょうか。

たとえば手裏剣《しゅりけん》をだれかの急所に投げるとか、縄渡りを使ってどこかの城へしのび込むとか――、**つまり忍術と芸能は、もともと兄弟なのです。**

その担い手は、先端技術にも詳しいでしょう。火薬にしろ鉄砲にしろ、兵器というものはその時代の最先端の技術を使っています。

また役者という職業も隠密と密接にかかわりがあります。役者とは、いろいろな人物を演じるのが仕事です。そのために扮装《ふんそう》（変装）をします。これを舞台の上でやれば「芸能」にすぎません。しかし他国へ潜入する際、だれか別の人間に化《ば》けていく、というならどうでしょうか。これは立派な隠密です。**すなわち扮装も隠密の重要な技術の一つなのです。また旅から旅へと渡り歩く人間は、潜入の際に怪しまれないという利点もあります。**

だから広い意味でいうならば、世阿弥《ぜあみ》も長安も松尾芭蕉《ばしょう》も、全部「忍者」だったのではないかとさえいえます。そういうと笑う人もいるかもしれませんが、たぶんそのような人は、世阿弥の家系が南朝の忠臣楠木正成《くすのきまさしげ》と深いかかわりがあり、その父観阿弥《かんあみ》が北朝方の国で興行中に変死していること、あるいは芭蕉が伊賀（三重県）出身で江戸では水道工事の現場監督をしていたこともある、などということをご存じないのでしょう。

もちろん、この三人は純然たる忍者ではないかもしれません。しかし、少なくともそういう環境のなかにいたことは間違いありません。さらに想像を逞《たくま》しくすれば、もともと三人は能楽や金山技術や俳諧《はいかい》を、忍術の一課目としてはじめたが、それがおもしろくなってついに一芸をきわめたという考え方もできます。

さらにいえば、ほかにもそういう人は歴史上にたくさんいるのではないでしょうか。いまのところ空想の域を出ない話ではありますが。とにかく長安は、そういう空気のなかにいたのです。彼の若いころのことは、ほとんどわかっていません。ただ信玄に仕えるようになってから鉱山技術などにさらに熟達したことは確かです。

◇武田から徳川へ転身

やがて信玄は死に、子の勝頼《かつより》の代になって武田家は滅亡します。天正十年（一五八二）のことです。甲斐国は武田を滅ぼした織田信長の支配下に置かれますが、それも束《つか》の間《ま》、同じ年に起こった本能寺の変で信長も殺され、甲斐はその間《かん》隙《げき》を縫った徳川家康の領国となりました。

これは長安にとっては非常に幸運でした。というのは、信長は武田家を憎んでおり、武田遺臣を皆殺しにする方針をとっていたのですが、家康はむしろ信玄を尊敬していて、その政治システムを積極的に学んでいこうという姿勢があったからです。

当然、家康は武田遺臣を積極的に配下に組み入れました。武田家の誇る二大技術、鉱山と治水に長《た》けていた長安は、家康にとってぜひ迎えたい人材であったにちがいありません。

もっとも長安が徳川家に仕えたきっかけについては、別の説もあります。『吉利支丹濫觴記《キリシタンらんしょうき》』という書物によれば、長安は武田家滅亡の際、早々と徳川家に乗り換え、甲州征伐の道案内を務めたというのです。武田家の滅亡直前には、一門の穴山梅雪《あなやまばいせつ》や木曾《きそ》一族など裏切りが相つぎましたから、そのようなこともひょっとしたらあったかもしれません。そのほうが「忍者」長安にふさわしいでしょう。

この説で注目すべき点は、長安は家康の重臣の大久保忠隣《ただちか》に連絡をとったと述べていることです。じつは徳川家に仕える以前は、大久保長安は「大久保」ではないのです。おそらく土屋十兵衛か、それに類した名でしょう。それが徳川家に仕えるようになって、徳川の重臣である大久保一族（あの彦左衛門もこの一族である）の代表者である忠隣に預けられることになり、大久保姓を名乗るようになったのです。

長安は大和の金春座《こんぱるざ》猿楽師の出身で、三河武士の大久保一族とはなんのかかわりもありませんでした。それがなぜわざわざ大久保一族が預かり先として選ばれたのか、ほんとうのことをいうとよくわかりませんが、長安が武田家を「裏切る」際、たまたま大久保忠隣のもとへ行ったので、その縁で忠隣に預けられることになったのならわかります。こういうやり方は戦国時代はよくあることでした。

さて、徳川家に仕えたのち、長安は水を得た魚のように働きはじめました。さらにもう一つ幸運が重なりました。それは家康のライバル豊臣秀吉が、家康の重臣の石川数正《かずまさ》を引き抜いたことです。数正によって徳川家の軍法や領国経営法が、すべて豊臣方に筒抜けになりました。それも重要なきっかけでしたし、さらに武田家の軍法のほうがすぐれていることもあったでしょう。

家康は徳川の軍事、民政をすべて武田流に切り換えることにしました。このおかげで長安は、ますます重用されることになったのです。

◇八面六臂《はちめんろっぴ》の活躍

　大久保長安はまず甲斐の民政に力を入れました。開発と民心の安定、甲斐育ちの長安にはたやすい仕事だったにちがいありません。これで手腕を認められた長安は、家康が秀吉によって関東に移封《いほう》されると、未開発地帯であった武蔵《むさし》国の開発を、ほとんどすべて任されることになります。新領土の検地、町の建設、市場や街道の整備、江戸の都市計画にも、長安は大いに活躍したようです。

　また秀吉が死に、関ヶ原の戦いに家康が勝利をおさめると、こんどは新しく獲得した領土の経営が、長安に任されることになります。

　のちに天領とよばれた幕府の直轄《ちょっかつ》地甲斐、駿河《するが》（静岡県）、大和、佐渡《さど》（新潟県）、これらの地は長安の支配下に置かれ経営されることになります。彼は「天下の総代官」などとよばれ、その支配下の土地の総石数は百二十万石にも及んだとされています。

　豊臣家が一大名に転落するのと裏腹に、家康は実質的な天下人としての権力を確立していました。長安とのかかわりで最も重大なことといえば、全国の金山・銀山がすべて家康の支配下に入ったということです。いよいよ山師長安の最大の活躍の場が提供されることになったのです。

長安はそれまでの採掘方法を露天掘りから坑道（横穴）掘りにし、また請負《うけおい》制から直山《じきやま》制に改めました。これまで採掘権を認められた山師が一定の運上金《うんじょうきん》（採掘料）を納めれば、あとはいくら金が出ても山師の収入となっていましたが、これを領主が直接採掘し収入とするシステムにしたというわけです。

そんなの当たり前じゃないか、どうして早く改めなかったんだ、と思われる向きがあるかもしれませんが、**つまりそれほど鉱山技術者というのは、貴重な得がたい存在だったのです。**そういうことでもしないかぎり、掘ってくれないし、いてくれるなら少々のことには目をつぶるということだったのです。ところが長安はみずからも優秀な技術者ですから、そういう遠慮をする必要がありません。この改革は長安にしてはじめて可能だったのです。

また長安は南蛮《なんばん》人の技術も学んだようです。とくに精錬法です。これが進歩すれば、品位の低い鉱石からも金銀が抽出《ちゅうしゅつ》できることになります。また実際そうな

『日本山海名物図絵』に描かれた金山で働く労働者
（大分市歴史資料館蔵）

りました。しかも長安は新しい金山の発見にも長じています。それやこれやで徳川家の金銀保有量は飛躍的に増大しました。これすべて長安の功績です。

さらに長安は得意の土木技術を生かして、徳川政権の城づくりにも貢献しています。江戸、駿府《すんぷ》（静岡市）、名古屋といった徳川政権強化の城づくりに、長安は作事方《さくじかた》としてほとんどすべて参加しているのです。

長安はそのうち日本有数の財力をもつようになりました。徳川政権下の一官僚にすぎない長安が、財力をもつというと不思議に思うかもしれませんが、鍵《かぎ》は「代官」という言葉にあります。これはどうやら請負制だったようです。先ほど、金山の採掘について山師の請負制をやめ、直山制にしたと書きましたが、その長安が家康に対しては請負制の立場にいました。山師から長安への請負はなくなったが、長安から家康への請負は残ったということです。

また長安は「天下の総代官」でもあります。このような地位にいれば、特別に欲深くなくても財貨は集まってくるものです。

◇抹殺《まっさつ》された長安一族

家康はしだいに長安の存在を疎《うと》ましく思うようになりました。皮肉なことに、長安が領国経営に精を出し開発を進めれば進めるほど、それは完成に近づいて長安の存在価値はなくなっていくのです。まして、長安は、家康が苦楽をともにした三河武士でもありません。いまひとつ信用が置けない。家康はそう思ったはずです。そういうなかで長安は、慶長十八年（一六一三）、六十九歳で死にます。家康はただちに長安の財産をすべて没収し、七人の子は全員死罪にするという苛《か》酷《こく》な処分を行ないました。理由らしい理由はありません。ただ、生前長安が財物を横領していたというのみです。

結局、家康は大久保長安というテクノクラートを完全に道具として使い、使いきったところで捨てたのです。子孫を根絶やしにしたのも、権力と財貨が集中する「天下の総代官」という存在を、この世から抹殺《まっさつ》したかったからでしょう。

長安はじつは幕府転覆の陰謀をめぐらしていたのだという説もあります。それは伊達政宗《だてまさむね》と、その女婿《じょせい》である家康の六男松平忠輝《ただてる》、それと長安が組んで将軍を倒し、忠輝が新政権の代表となって政宗が実権を握るというもので、政宗がローマに使いを送ったのも、キリシタンを認めるかわりに外国から援軍を送ってくれと要請するためだった、というのです。その証拠に、長安がいつも肌身《はだみ》離さず持っていた箱があり、その箱のなかから異国文字で書かれた文書が出てきたともいいます。

しかし、どうやらこの陰謀説は、家康が長安の一族を皆殺しにしたことから逆算して、つくられた話のようです。謀反《むほん》の企《たくら》みでもないかぎり、一族皆殺しというのはありえません、だから長安は——というのでしょうが、根絶やしは「天下の総代官」の地位をこの世から消し去るための手段と考えれば納得《なっとく》がいきますし、箱にあった秘文書というのも南蛮渡来の鉱山技術の本だったと考えれば辻褄《つじつま》が合います。

ともあれ、長安は有能な技術者だったが、それゆえに家康に使い捨てにされてしまった不幸な人物といえるかもしれません。

第十三章のまとめ

・大久保長安《ながやす》は、徳川家康の家臣団の経済官僚であり、今日の言葉でいうテクノクラートでした。テクノクラートとは「技術者出身の行政官」のことです。彼は当時の日本で第一級の鉱山技術者であったからです。
・家康は実質的な天下人としての権力を確立していました。全国の金山・銀山がすべて家康の支配下に入ったということです。いよいよ山師長安の最大の活躍の場が提供されることになったのです。
・家康はしだいに長安の存在を疎《うと》ましく思うようになりました。皮肉なことに、長安が領国経営に精を出し開発を進めれば進めるほど、それは完成に近づいて長安の存在価値はなくなっていくのです。
・家康は大久保長安というテクノクラートを完全に道具として使い、使いきったところで捨てたのです。子孫を根絶やしにしたのも、権力と財貨が集中する「天下の総代官」という存在を、この世から抹殺《まっさつ》したかったからでしょう。

第十四章

大久保はなぜ西郷と袂《たもと》を分かったのか

◇革命には有能な破壊者が必要

いろいろ不備な点があるにしても、やはり明治維新は偉大な革命でした。

その革命の最大の功労者である大久保利通《としみち》と西郷隆盛が、どうして袂《たもと》を分かち、ついには敵味方となる破目《はめ》になったのでしょうか。

ある意味で、これは維新史最大の謎《なぞ》です。

しかし、革命の同志であり親友でもあった二人が、革命成功後に決定的に対立するということは、世界史上けっしてめずらしいことではありません。

思いつくままにあげてみますと、ロシア革命のレーニンとトロツキーの関係がそうですし、キューバのカストロとゲバラ、あるいは中国の毛沢東《もうたくとう》と林彪《りんぴょう》の関係もそうだといえるかもしれません。

では、なぜそういうことが起こるのでしょうか。

じつは私は、革命においてこういう決裂が起こるのは、「めずらしくない」どころか、必然であるとすら思っています。

大久保利通（国立国会図書館蔵）

これは革命という一つの現象が必然的に生み出す付帯現象だということです。もっとわかりやすくいえば、革命が終わればかならず起こる現象だということになります。

けっして当人たちの性格の相違とか、革命後の情勢によるものではありません。ある事件がそのきっかけのように見えたとしても、じつはその底流にはこの「必然」があるのです。

それを念頭に置いて、大久保と西郷との決裂をみていきましょう。

あらためて説明するまでもなく、大久保と西郷はともに薩摩《さつま》藩士で、幼なじみでもありました。幕末、倒幕の運動に参加する過程で、両者は互いに連携し、ついには共同して幕府を倒したのです。

しかし、その協力の方式をみると、そこにはすでに後年の対立の萌芽《ほうが》があります。

大久保が軍政や外交を主として担当したのに対し、西郷はあくまでも軍司令官でした。薩摩藩兵を率いて直接幕府軍と戦う軍人だったのです。

この関係は、カストロとゲバラ、あるいは毛沢東と林彪との関係に非常によく似ています。

たしかにカストロも毛沢東も実際に兵を率いて戦ったことはあります。しかし、ゲバラや林彪が明らかに純粋な野戦指揮官であり、またその点において最大の才能を発揮するのに比べて、カストロや毛沢東はむしろ政治家として最も有能でありました。

あるいは建設者（調整者）と破壊者といってもいいでしょう。**いうまでもなく革命とは、前体制を破壊することです。具体的には、前体制を支える軍隊と戦い、これを破壊させることでもあります。**

もちろんそういう世界に「平和憲法」などありません。「名誉革命」もありません。

ある体制を根本的に変革するためには、かならず武力を用いなければならないのです。変革しようとすれば、変革されまいとする力が働き、それは当然武力として用いられるからです。武力に対抗するには武力しかありません。

これは古今東西を通じての歴史の鉄則です。残念ながら、いまだにこの鉄則はなくなってはいません。

一九九〇年の湾岸戦争がその事実を証明したばかりです。だから、根本的な変革である革命に際して、時代はかならず有能な破壊者を必要とします。

西郷はその有能な破壊者でした。

◇西郷との対立は避けがたかった!

しかし、西郷を「破壊者」と規定すると、いわゆる西郷ファンから厳しい抗議の声が上がるかもしれません。

温厚で篤実《とくじつ》な西郷のイメージと、破壊という否定的なニュアンスをもつ言葉が、どうしても一致しないといわれるかもしれません。

ですが、ここでなぜ「破壊」をするかということを考えてください。それは新たな建設のためです。新しいビルを建てるためには、古いビルを取り壊さなければなりません。

新しい建築物が大きく斬新《ざんしん》なものであればあるほど、古い建築物は徹底的に破壊されなければならないのです。

もし古い建築物の一部を利用するというなら、それほど徹底的に破壊する必要はないのですが、西郷はそうは考えてはいませんでした。

彼の伝記を詳しく調べて気がつくのは、彼はその温厚なイメージとは裏腹に、かなり強硬な武断主義者であるという事実です。

たとえば征韓《せいかん》論がそうですし、幕府との対決においても、彼は大政奉還よりも武力による討幕論者でした。

そういう事実があまり注目されないのは、一つは先に述べた温厚なイメージがあるのと、勝海舟《かつかいしゅう》とのトップ会談によって江戸城総攻撃を中止したという実績があるためでしょう。

しかし、西郷が武力討幕論者の筆頭であったことは、少しでも西郷の伝記をひもといた者には常識です。

大政奉還とほぼ時を同じくして出された討幕の密勅（天皇の秘密指令）には、「慶喜《よしのぶ》（徳川十五代将軍）を殄戮《てんりく》せよ」と書いてあります。殄戮とは皆殺し、殺し尽くすことです。

この密勅は長州・薩摩両藩の藩主あてに出されたものですが、天皇自身がこんな過激なことをいうはずがありません。天皇はまだ少年です。むしろ受ける側がヒントを与えたことは間違いないのです。

受ける側といっても、長州藩主は「そうせい侯《こう》」といわれたぐらい頼りない人物でしたし、薩摩藩主は（というよりその父である島津久光《ひさみつ》は）公武合体論者です。だから、この密勅の実質上の起草者は、当時薩摩藩の代表者であった西郷その人だったでしょう。すなわち、西郷は徳川慶喜を「殄戮」するつもりだったのです。

なぜそんなことを考えたのか、理由は先に述べたとおりです。**世の中を徹底的に変えるには、前の体制を「殄戮」する必要があるのです。**

そういう意味で破壊者西郷は、またきわめつけのロマンチストでもありました。**革命というものに対するロマンが大きければ大きいほど、それは徹底的な破壊を必要とすることになるのです。**

◇悪名も辞さぬ勇気も時には必要

ところがこういう徹底的な破壊を好まない人間もいます。

その代表がじつは大久保です。大久保も革命家にはちがいありません。だから破壊はします。しかし徹底的な破壊はしません。なぜなら彼はリアリストだから、破壊したあとどうするかということをつねに考えてしまうのです。

ビルの破壊に譬《たと》えれば、西郷は新しい大きな建物をつくるために、徹底的に壊して更地《さらち》にしてしまえと主張します。

これに対して大久保は、いやそんなことをしたらあとの費用はどうする、全部壊してしまうよりは、柱や調度など利用できるものは利用しよう、場合によっては取り壊さなくても全面改装でもいいではないか、という考え方をします。

これは永遠の対立かもしれません。

そして世間がどちらをとるかといえば、いうまでもなく大久保のほうです。

これが小説や芝居の世界ならともかく、現実の世界ではロマンチストにはついていけません。俗ないい方をすれば、大久保についていけば飯は食えるが、西郷ではそれが危うくなるからです。

これも世界共通の感覚です。ロマンでは飯は食えません。

レーニンとトロツキーの関係にもこれがあります。

レーニンは一国社会主義を、トロツキーは世界同時革命を目ざしました。どういうことかというと、レーニンは革命が成功したソビエトという国を守り、とりあえずそのなかで社会主義を完成させようとしました。後継者のスターリンもその路線を踏襲《とうしゅう》しています。

ところが、トロツキーにはこれが気にいりません。社会主義者にとって資本主義の国というのは、すべて労働者を抑圧している敵です。だからロシア革命だけで満足しているのはとんでもない話で、次々に世界の国々で革命を起こすべく活動すべきなのです。

レーニン、そしてスターリンにしてみれば、そのトロツキーの考え方こそ、とんでもないことで、まだソビエトの基礎が固まらないうちから対外戦略などはじめたら、それこそ敵に寄ってたかってつぶされてしまいます。まず基礎を固める

トロツキー（Bridgeman Images／時事）

べきなのです。そのためには「敵」である資本主義国とも、とりあえず友好関係を保って妥協《だきょう》していくしかありません。

ところが「純粋な」トロッキーには、それが許すべからざる裏切りに見えます。敵と結ぶとはなにごとだと叫ぶことになります。死んだ同志の霊も浮かばれない（?）という気になるのです。

無神論者だから「霊」の存在は認めないにしても、多くの同志はなんのために死んだのか、敵と握手をする国をつくるためではないぞという気はあったでしょう。

一方、レーニンのほうはレーニンのほうで言い分があります。いまトロッキーのいうとおり、世界同時革命などに乗り出したら、せっかくつくったソビエトが崩壊してしまいます。それこそ多くの同志の死をむだにすることになる、と反論するにちがいありません。

大久保と西郷の関係もじつはこれとまったく同じです。

西郷ははじめの志と違って、慶喜を殄戮《てんりく》することはできませんでした。なぜできなかったかというと、徹底的な破壊をきらうリアリストたちが、大政奉還とい

西郷隆盛（国立国会図書館蔵）

う旧体制の温存を意図した手段を考え出したからです。

もちろん西郷は慶喜を個人的に憎んでいたわけではありません。しかし、革命というものは、旧体制の支配者の血を見なければ、本来はおさまりがつかないものです。その意味では西郷がなそうとしていたことは正しかったのです。

それができなかったことに、西郷は根強い不満をいだきました。

この大政奉還を考えたのは土佐藩の連中でしたが、いざ明治維新が成功し新政府ができると、こんどは大久保がそういう立場をとりました。レーニンの立場です。革命の成果をとりあえず固めていこうという立場です。

西郷はおもしろくありません。彼にしてみればまだ革命は終わっていないのです。ビルは完全に取り壊されていません。それどころか古い建物を利用して、大久保は「営業」すらはじめます。

多くの同志はこんな建物をつくるために死んだのではない。彼はそう思いました。だからこそ明治以後しきりに政府から離れようとします。

大久保はなんとかこの「暴れ牛」を政府部内にとどめたいと考えました。そこで新政府の代表として欧米視察に出かけた際、西郷にその留守を頼みました。しかし、これが裏目に出ました。留守中に征韓論が起こったのです。

これは、日本が新体制となり、新たに友好を得たいと国書を送ったのに対し、送り先の朝鮮がその国書を突き返してきたことに原因します。「新興国」日本は激高しました。朝鮮に対して、なんらかの措置をとれという世論が盛り上がったのです。

西郷はこのとき、朝鮮との対立を決定的なものにしようとしました。いわば事を荒立てようとしたのです。そのためにみずから朝鮮に行って、殺されてもかまわないという決意でした。だからこれを「征韓」という言葉でよぶのは適当ではありません。

いわば西郷は革命を輸出しようとしたのです。そのために日本と朝鮮が戦争になってもかまいません。両国がとことん戦って焦土《しょうど》と化してもいいのです。その徹底的な破壊のなかから、真に新しい体制が生まれてくるのですから。

しかし、これはリアリストである大久保にとっては、絶対に容認できないことでした。

ついに大久保は西郷を政府部内から追放する決意をしたのです。

西郷は爆弾です。革命のときにはこれほど頼りになるものはありませんが、平時にはこれほど危険なものはありません。

なまじロマンチストであるだけに、西郷は転向しません。大久保の決断はやむをえなかったのです。後世の人間が大久保を非難するのは自由ですが、西郷が爆弾であることを認識せずに大久保を非難するのは不公平の謗《そし》りを免れないと思います。

第十四章のまとめ

・革命の同志であり親友でもあった二人が、革命成功後に決定的に対立するということは、世界史上けっしてめずらしいことではありません。これは革命という一つの現象が必然的に生み出す付帯現象だということです。

・ある体制を根本的に変革するためには、かならず武力を用いなければならないのです。変革しようとすれば、変革されまいとする力が働き、それは当然武力として用いられるからです。武力に対抗するには武力しかありません。

・大久保も革命家にはちがいありません。だから破壊はします。しかし西郷が望むような徹底的な破壊はしません。なぜなら彼はリアリストだから、破壊したあとどうするかということをつねに考えてしまうのです。

・西郷は慶喜を個人的に憎んでいたわけではありません。しかし、革命というものは、旧体制の支配者の血を見なければ、本来はおさまりがつかないものです。その意味では西郷がなそうとしていたことは正しかったのです。

著者紹介
井沢元彦（いざわ　もとひこ）
作家。昭和29(1954)年、愛知県名古屋市生まれ。早稲田大学法学部卒業。ＴＢＳ報道局記者時代に、『猿丸幻視行』で第26回江戸川乱歩賞を受賞。退社後、執筆活動に専念する。独自の歴史観で、『週刊ポスト』にて「逆説の日本史」を連載中。
主な著書に、『逆説の日本史』シリーズ、『逆説の世界史』（以上、小学館)、『英傑の日本史』シリーズ（角川学芸出版）のほか、『なぜ日本人は、最悪の事態を想定できないのか』（祥伝社新書)、『攘夷と護憲』（徳間書店)、『「誤解」の日本史』『学校では教えてくれない日本史の授業』『学校では教えてくれない日本史の授業 天皇論』『学校では教えてくれない日本史の授業 悪人英雄論』（以上、ＰＨＰ文庫）などがある。

本書は、2000年８月に廣済堂文庫として刊行された『歴史「謎」物語』を改題し、加筆・修正したものである。

ＰＨＰ文庫　学校では教えてくれない日本史の授業　謎の真相

2016年２月15日　第１版第１刷
2016年11月25日　第１版第４刷

著　者　井　沢　元　彦
発行者　岡　修　平
発行所　株式会社ＰＨＰ研究所
東京本部　〒135-8137　江東区豊洲5-6-52
文庫出版部　☎03-3520-9617（編集）
普及一部　☎03-3520-9630（販売）
京都本部　〒601-8411　京都市南区西九条北ノ内町11
PHP INTERFACE　http://www.php.co.jp/
組　版　株式会社PHPエディターズ・グループ
印刷所
製本所　共同印刷株式会社

 ISBN978-4-569-76485-6

PHP文庫好評既刊

学校では教えてくれない日本史の授業

井沢元彦 著

琵琶法師が『平家物語』を語る理由や天皇家が滅びなかったワケ、徳川幕府の滅亡の原因など、教科書では学べない本当の歴史がわかる。

定価 本体七八一円(税別)

PHP文庫好評既刊

学校では教えてくれない日本史の授業　天皇論

井沢元彦　著

天皇のルーツは外来農耕民族、本居宣長が確立した天皇の「絶対性」など、専門家があえて触れない日本史のタブーがいま明らかになる！

定価　本体七八一円（税別）

PHP文庫好評既刊

学校では教えてくれない日本史の授業　悪人英雄論

井沢元彦　著

道鏡は称徳天皇の愛人ではない。足利義満は暗殺された。斎藤道三は信長より早く、経済改革をしていた――英雄・悪人像の通説を覆す!!

定価　本体八八〇円（税別）

PHP文庫好評既刊

「地形」で読み解く日本の合戦

谷口研語 著

戦に勝つためには「地の利」を得て、敵の裏をかけ！ 関ヶ原、桶狭間、天王山、人取橋……。「地形」から日本の合戦の謎を解き明かす。

定価 本体七二〇円（税別）